视频号IP

打造垂直领域品牌专家

潘越飞 龚海瀚◎著

电子工业出版社
Publishing House of Electronics Industry
北京·BEIJING

/ 前言 /

在二八定律的影响下，市场上 80% 的利润被 20% 的头部 IP 分走，而剩下的 20% 的利润则被 80% 的中小型 IP 苦苦相争。不过，近几年，除了头部 IP，垂直型 IP 也开始涌现并获得了不错的发展，其综合实力也许没有头部 IP 那么强，但它们却有着自己独特的运营模式。

笔者认为移动互联网时代正在逐渐过渡到 "IP+" 时代，这个过渡不代表终结，而代表延续。如今，很多个体都在有意无意地捆绑和加持 IP，致使 IP 成为新的流量入口，以及产生新的品牌价值。可见，我们有必要把 IP 建设提上日程。

亚马逊的创始人贝索斯说："未来 10 年什么事不会变，我们就把精力和时间放到什么事上。"未来什么事不会变？粉丝对于优质内容的需求不会变，触达人性的链条不会变，宣传和推广的本质不会变。于是，IP 横空出世，并推动了个人品牌的发展。

目前，视频号凭借自身巨大的流量和尚未被分割完的红利，逐渐成为打造个人品牌的主战场之一。王石、秋叶大叔、雷军、李佳琦等知名人物都已经开通了视频号，让自己的个人品牌更深入人心，塑造了接地气、专业、亲切、和蔼、干练等不同的形象特征。

视频号以大数据、人工智能等技术为基础，对市场和用户进行了深刻的洞察，已经成为一个不可忽视的自媒体风口。自从上线开始，视频号就维持着令人惊叹的增长速度，可谓是众多平台中的一匹黑马。而且，随着流量的不断增加，视频号的商业价值已经显现出来，很多人将目光投向了这块新大陆，成功案例比比皆是。

视频号上的点赞、评论、转发等行为都是由人们的真实情感驱动的。在这种情况下，每个人都有机会成为视频号红人。通过视频号打造个人品牌的重要性已经不言而喻，但不得不承认，很多人并不具备这方面的知识和经验。

本书正好抓住了此痛点，教读者如何通过视频号打造个人品牌，成为自媒体行业的佼佼者。笔者将丰富的知识积累和多年的实践经验，浓缩成这本书，奉献给每一位读者。

本书不仅介绍了运营视频号的技巧、打造个人品牌的方法，还附带了有代表性的案例和精心制作的图表，实现了真正意义上的图文并茂。另外，本书的文字内容也力求诙谐幽默、浅显直白，目的就是让读者在轻松愉快的氛围中提升能力。

通过对本书的学习，读者可以掌握运营视频号和打造个人品牌的真谛，从而提升自己的知名度和影响力。对于广大读者而言，本书的学习之旅一定会非常愉悦。

感谢我们团队的成员孙国洋、陈海宁、周晓伟、沈赟杰等在本书的创作、指导等方面所给予的支持。

/ 目录 /

V

个人 IP 思维

成为所在领域的专家

在这个以互联网为依托的时代，我们注定要与陌生人合作。除了熟人和货币，陌生人通常还会对专家产生一种天然的信任，也正是因为这种信任，专家通常拥有高于常人的社会地位和收入，同时也会得到人们的尊重。普通工作者可能会被人工智能取代，但专家被人工智能取代的概率较小，所以成为专家可以为自己创造更大的价值。

这个时代最不缺的是人，最缺的是专业人才

如今，自媒体人的规模已经开始向千万级跃进，如果不能在这种环境下放大自己的独特性，不消几日，你的账号就会被其他账号取代。一个风格独特、内容统一的账号能让我们脱颖而出，获得更多的曝光度。

68%的自媒体人年收入低于 5 万元

随着经济水平的不断提高，越来越多的人将目光投向自媒体行业。"在家工作，月入过万"对想提高收入的人有着天然的吸引力，培训机构将这份工作吹得绝世无双，让人迫不及待地想跻身这个行业分一杯羹。但实际上，现实远比想象残酷，月收入不足千元的自媒体人比比皆是，这才是他们的常态。

那些收入让人艳羡的头部大号往往早在微博兴起初期就已经开始布局谋划了，他们早已建立了独特的个人 IP，偶尔发布的内容虽然不如往

期精彩，但也照样会有粉丝买账。同时，随着自媒体行业的不断规范化，资源也会越来越向他们倾斜，他们产出的内容也将帮助他们吸引更多的粉丝，占领更大的市场。

反之亦然，由于自媒体行业的门槛不高，前期甚至不需要成本，自媒体人的队伍也因此越来越庞大。据不完全统计，自媒体人的规模早已突破百万级，并开始向千万级跃进。这些自媒体人通常同时涉猎多个关联性不大的领域，如娱乐、财经、生活、游戏等。

在如今的自媒体时代，产出的内容越庞杂，粉丝的黏性就越低。如果粉丝不知道我们在做什么，自然就不会有关注我们的想法；如果平台不知道我们要做什么，那么自然也不可能给予推荐和曝光。

发展至今，自媒体经过了从文章到图文，再到视频的转变，整个行业的红利期已经走进尾声，但视频号的出现还是给整个行业带来了新的活力。如果我们仍然没有明确的方向，那么人们可能会被某个视频吸引进来，但也会在看到了许多不感兴趣的内容后离开。

我们需要明确的一点是：自己能为人们带去什么样的价值。那些妄图在所有领域都有所建树的人，其结果只能是一无所成。找不准定位、分享宽泛的内容反而会阻碍人们对我们的定位和识别。同样，当我们将注意力集中在某个领域时，更能将自己的优势发挥到极致，也不会轻易被一些琐事分散精力。

互联网时代更强调精细分工

随着互联网经济的不断发展，体量大、发展快的领域也被划分得更小、更细。在领域垂直化的大形势下，有能力产出垂直化内容的账号更容易受到平台的青睐。垂直领域是互联网时代的新名词，即在一个大领域下，垂直细分出的小领域。

垂直指纵向延伸，细分指在垂直板块里再挑选出其中的主要业务进行深度发展。如同植物的根脉一样，垂直化将领域划分得更精准，我们可以提供有关这个小领域内的全部信息和相关服务，以满足人们更专业化的需求。

对视频号进行定位可以让我们在后期少走许多弯路。细分领域内竞争相对更小，长期坚持输出一种内容不仅可以提高自己的输出效率、保证内容的质量，还会增加人们对内容的信赖度，有利于个人 IP 的打造。专项的输出内容方便平台给视频号打上垂直标签，以便其日后将视频号精准地推荐给广告主。

那么，我们应该如何利用自己的专业素养来满足人们的需求呢？这是一个值得讨论的问题。通常我们可以从以下几个方面入手解决。

1. 定位

打造 IP 的第一步是找准定位，即明确自己要分享哪方面的内容，针对哪部分受众，能提供的内容与市面上同类型的内容有何区别。此举可以帮助我们有针对性地打造一个有魅力的人设。例如，同样是带货主播，李佳琦给人的感觉是"班主任"，而他的助手旺旺则更像"好闺蜜"。

2. 内容

在内容方面，我们需要明确一点，即视频号的内容并非艺术创作。视频号的内容在规划时需要更多地基于现有的数据反馈进行调整，而不能一味地输出信息。人们对哪些内容更感兴趣,他们更喜欢哪种分享形式,某条视频突然很受欢迎的原因是什么,这些都是我们在发布视频后需要复盘和总结的关键点。

同时,我们还需要注意,视频号绝不仅仅是微信团队针对抖音、快手推出的视频产品,它更像是社交圈持续发展的必然趋势。因此,在抖音、快手上很火爆的内容其实未必适用于视频号。也就是说,我们要创作适合视频号的内容,这样才可能取得成功。

3. 制作

平台方对视频号所制作内容的时长有严格的限制,此时,不论是专业的设备、独树一帜的剪辑风格,还是独特的封面、吸睛的文案,都可以让我们的作品在一众视频中显得与众不同。除此之外,我们还要找到恰到好处的断点,让人们产生意犹未尽的感觉,从而点进我们的主页查看其他作品。

在流量时代,喜欢我们的人就犹如一阵风,风过无痕,我们很难意识到他们来了。等到我们有所察觉时,他们已经走了。如果我们想要获得更高的热度与曝光度,就需要以垂直为基础,用细分领域引流,用内容引起人们的兴趣,将那些意外滑到视频的人们留住,让他们在账号中形成一股"龙卷风",让这股"龙卷风"为自己带来更多的流量。

为什么马云直播带货会输给李佳琦

如今,李佳琦已经成为现象级网红的代表人物,他在说出那句经典的

"OMG，买它！"时的语气和神态已经深深地刻在人们的心中。人们认可他作为带货主播的能力，相信他能够帮自己买到更实用、更超值的产品。

在带货挑战开始前，李佳琦就已具备了在直播中调动人们的购物欲的能力，他推荐的大部分产品都能迅速售罄。直播当天，他以 1000∶10 的成绩碾压马云，获得了极高的社会关注度。其团队也借助这股关注浪潮迅速建立起了"李佳琦"这个 IP。时至今日，李佳琦直播间的销售额一次又一次地刷新纪录，2020 年"双 11"期间其销售额甚至突破了 30 亿元。

人们总会认为，马云这样的成功人士无论身处哪个领域都注定成功，而他则以自己的经历向世人证明：如果找错方向，即使再有能力的企业家也无法媲美专业人士。马云身为大型电商平台的创始人，与带货领域的专家进行挑战，结果不尽如人意也实属正常。

马云与李佳琦的比拼向我们传达了一个道理：术业有专攻。在打造个人 IP 前，我们首先要了解自己，知道自己在哪些方面比较擅长，然后再聚焦某项能力，将其发扬光大，这样才有利于我们尽快成为所在领域的专家。

成为专家是我们的
出路之一

———————————————

　　"专家"这个概念对大多数人来说都是清晰却又模糊的,它似乎是一个可望而不可即的存在,成为专家仿佛是一件极难达成的事。如果我们转变态度,将自己的本职工作作为切入点,利用自己的天然优势,在自己的行业有所积累,那么成为专家这件事就不会显得那么遥不可及了。

转变态度,把工作变成兴趣爱好

　　在现代社会中,工作对于大多数人而言只是一种用来谋生的手段,他们认为自己的工作毫无价值,将工作视为一种被迫劳动。事实上,很多人所谓的"不感兴趣"只是对工作乏味感的逃避。重复相似的工作的确会减少价值感的获取。如果人们仅靠报酬进行自身驱动,那么当收获报酬成为习惯时,最开始的热情也将会消磨殆尽。

当人们失去对工作的积极性后，首先带来的问题就是容易疲劳。因为在出现如厌烦、枯燥等负面情绪时，大脑会分泌一种让人感觉疲惫的神经毒素。此外，大脑的执行效率会降低，记忆、思考的效果也会变差。这会导致人们难以取得成就，进而形成恶性循环。

出现这些情况的原因恰恰就是人们对工作过于熟悉。隔行如隔山，其实，内行人觉得千篇一律的工作对于外行人而言往往困难重重，内行人觉得十分轻松的操作，对外行人来说却需要在专业指导下才能完成，内行人觉得枯燥乏味的内容对他们而言却存在着知识壁垒。内行人觉得自己是在做机械劳动，但对外行人而言，他们就是专业人士。所以，与其尝试发展自己其他方面的兴趣，倒不如以本职工作为切入点培养自己的兴趣。

当我们觉得工作无趣，无法将不感兴趣的事做好时，其实我们已经陷入了一个逻辑误区：不是感兴趣就会做好，而是做好才会感兴趣。在工作中投入的大量时间和精力，足够使我们融会贯通这个领域的各类知识，足够使我们打磨出成熟的技巧。付出的时间、精力是我们在这个领域安身立命的根本，没有必要舍近求远，去追求自己感兴趣的内容。

浮于表面的兴趣只是对未知领域的好奇，愿意付出努力才是真正的兴趣。戴尔·卡耐基说过："如果你表现得'好像'对自己的工作感兴趣，那一点表现就会使你的兴趣变得真实，还会减少你的疲惫、你的紧张，以及你的忧虑。"

兴趣通常由好奇心、成就感所驱动。我们要想把工作变成兴趣，可以从以下几方面入手。

1. 流程标准化

尝试将自己的工作流程化、标准化，这样可以增加工作的挑战性，从而全神贯注地进行工作。同时，提问本身就是一个激发好奇心的行为，当我们开始思考工作时，就会发现一些从未意识到的问题。效率的提升可以减少时间、精力的付出，从而使那些琐碎的事变得不那么无聊。

2. 设置易达成的小目标

成就感是驱动发展的原动力，成就感的获得与达成的目标有关。将工作拆分成目标并努力达成，可以帮助我们建立信心。小目标往往更容易实现，也更容易让我们获得成就感。

3. 每日复盘总结

每天下班后都对工作的完成情况进行总结与复盘，可以有效找到自己擅长和薄弱的部分。工作中有哪些事让我们感到痛苦，明确自己排斥这些事的原因，才能更好地将工作变为兴趣。那些我们擅长并愿意投入的事更容易让我们获得成就感，也更容易让我们产生兴趣。

摆脱"镜中人"效应，提升对工作的价值认同

我们怎样对待别人，别人往往也会怎样对待我们。这个道理扩展到工作中也同样适用，我们怎样对待工作，工作也会怎样回应我们。只是在工作中，我们往往会因为缺乏对工作的价值认同而饱受困扰，造成这种现象的原因可能有许多。

首先，当工作成为养家糊口的"工具"时，之前的热爱与兴趣便会随时间消散。"德西效应"向人们证实，在外在和内在报酬兼得时，反而会

削弱人们的工作动机。工作带来的物质奖励或多或少地破坏了最开始的内部动机。

其次，某个职业的社会地位和工作者的社会角色并不相同。如今的社会给不少职业赋予了太多的内涵，如医生、老师、公务员等。在光环的加持下，这些职业看上去光鲜自由，但如果我们只是怀抱着美好的向往入行，那产生心理落差就是很容易发生的事情了。

归根结底，所有由职业空虚造成的痛苦，都是在机械重复中大脑对那些有价值的事情产生了没有前景的误读，这一切都只是人们用自己想象中的空虚掏空了自己。

想要摆脱这种职业空虚，最重要的是从用户的角度看待自己的工作，这里的用户并不是狭义上购买产品的消费者。如果我们身为管理人员，那么"用户"就是下属；如果我们身为老板，那么"用户"就是员工；如果我们身为自媒体人，那么"用户"就是粉丝。

当我们的思维发生转变，从用户的角度看待自己的工作时，就会意识到那些在我们看来简单的事情对用户而言其实具有很大的价值，这会使我们产生一种被需要的感觉，进而从中获得认同感，看到工作的价值所在。从这种意义上来看，创作视频号向行外人输出专业知识，也是获得工作认同感的一种有效途径。

心理学家费尔兰特针对职业认同感给了四项指标：胜任感、承诺、报酬、满足感。简单说，如果我们能在工作中感到能力的成长，肯花费时间和精力，可以得到金钱回报，不会产生排斥，那么这就是对自己的工作具有认同感。

在这四项指标之中，占比最重的就是满足感，认同自己的工作、能在工作中获得满足感，达成其他三个指标也会更轻松。想要获得满足感，最重要的就是认清自己想成为一个怎样的人。生活中未必存在理想的工作，但至少存在理想的工作状态。当我们可以通过与外界的互动交流肯定工作的价值时，我们就迈出了成为自己行业专家的重要一步。

拓展社交圈，输出和分享价值

当我们成功地将工作变为兴趣，能从中获得价值认同之后，新的问题便出现了：社交圈窄，即在生活中没有机会向行外人进行价值输出。实际上，社交圈窄是一个普适性问题。邓巴系数详细解释过，由人类的智力决定，人们能够同时拥有的社交关系上限约是 150 人。但实际上，多数人维持的社交关系甚至不及两位数。

互联网时代优秀的渠道数不胜数，拓展社交圈不能称为一件难事，他们只是安逸地停留在舒适区，拒绝接触外面的世界而已。如果想要拓展自己的社交圈，最重要的就是主动做出改变。

首先，明确需求。对于同一个职业而言，有专业需求的群体未必会重合。同样是企业家，经纬中国副总裁庄明浩主要分享对行业的观察和展望，迅雷创始人程浩则将"创业"进行了详细拆解。由于分享内容的侧重点不同，面对的群体也自然有所不同，根据自身所处的垂直领域，明确能让自己有所提升的群体，才是有意义的拓展行为。

其次，摆正心态。为扩大知识面，我们可能需要同时接触更专业和更基础的群体。明确自己的行为是为了磨砺专业能力，在拓展圈子时不能有任何思想负担，向上结交并不是攀龙附凤，向外扩展也不能趾高气扬。面对哪个群体都要主动出击，不能原地等待对方的请求。

同时，还要开放思维。先从自己能接触到的群体入手，与他们建立信任关系，长此以往，当他们的亲友出现需求时也会第一时间想到我们。平时也可以多参加团体活动，如同学聚会、爱好社团等，想办法推销自己。

最后，不能急功近利。在与人接触时过于迫切会让人产生一种排斥感，并对我们的专业素养产生怀疑。更重要的是，拓展时不能只在意广度，更要兼顾坚实度。如果遇到踩在法律和道德底线的群体，就算再符合自身需求，也千万不能触碰。

在寻找需求群体的同时，可以开始进行价值的分享和输出的第一步——解决问题。

人的认知会使思维局限，直接分享往往会觉得无话可说，可以充分利用这些信息差让他们认可我们专业人士的身份，在与需求人群的沟通中明确他们想了解的内容。此时主要采用问答的方式，刚开始我们可能会对问题只有一个模糊的看法，但在梳理的过程中我们还可找其他辅助资料进行延伸。这些清晰解答问题的需求，会迫使我们将它们研究透彻，高质量的输出之所以可以倒逼输入，其实就是因为这可以强迫我们走出舒适区，去探索未知领域。

长此以往便会将我们在行业内获取的零散知识串联起来，建立完整的知识体系。在回答中不断提升自己的水平，逐步建立起口碑和影响力之后，便可以归纳汇总常见的问题，在微信的周边平台上制作系统的在线课程。

在此过程中，我们不能忽视目标群体的反馈，怎样表述更能让人理解，怎样的语言更能让人信服，都是在输出中需要注意的事情。若是为了体现自己的专业性而大量采用行业术语，只会加固知识壁垒，从而导致目标群体大量流失。

最后，就如在上文中所提及的工作与兴趣的关系一样，并不是成为专业人士后才能开始，我们需要先开始，再逐步成为专业人士。

视频号为成为专家
提供了新渠道

背靠微信的 12 亿个用户，视频号内测时期就表现得不同凡响，入驻其中的多为商界、投资界、互联网界的权威人士，与现有的抖音、快手等娱乐向的平台有极大差异。

视频号与其他平台的区别迅速显现，它很快在中高端的商务人士之间盛行起来，成为企业家们打造个人 IP、宣传品牌的阵地。

强社交关系是培育个人 IP 的"土壤"

品牌的打造是一项系统工程。如果说打造产品或企业的品牌需要公关团队的策划运营，那么对于打造个人品牌而言，运营视频号无疑是最有效的途径之一。

众媒时代，个人品牌意味着我们在这个领域内有了较强的影响力，在同等条件下可以获得更多人的支持，与他们更高效地建立信任关系，同时也意味着更具有话语权，我们的言论也会得到更积极广泛的传播。

2020 年 1 月 22 日，微信团队重磅推出视频号功能。不同于其他平台的算法推荐，视频号偏向采用微信的社交逻辑进行内容推荐，这使得其在内测时期便对视频的固有市场产生了一定的冲击。

在视频号推出之前，互联网已经逐步发展至视频时代，市场上主流的视频平台普遍有极重的娱乐性内容，与各行业权威人士的相性不符。视频号的出现恰好弥补了这一市场空缺，它依托于微信生态独特的社交思维，更多地展现社交方面的功能。不同于抖音、快手等沉浸式产品，视频号更像是社交的放大器，原则上可以实现与大部分人的链接。

视频号的启动首先从朋友圈开始，极强的流量转换性使它注定会在这个环境下成为建立个人 IP 的最佳方式。在现实生活中，我们接纳的新信息，并不是我们主动到图书馆或者到网上去找的，大部分情况都是听周边人推荐的。推荐的效果往往会比自己去找要好很多倍。视频号主要采用的就是"熟人推荐"的推送方式。

视频号的推送和互动形式与微博有些类似，但却有更明显的裂变效果。微信好友看到的内容，系统会通过点赞、评论和平台的算法，将其推送给好友的好友和其他感兴趣的人，这种"社交裂变"基于传统社会的人脉法则，可以将一度空间扩展为六度空间。

同时，视频号具有真人出镜、粉丝精准的特点，其信任建立的效率与传统方式相比，有近 10 倍的提升，粉丝的渗透率也会更高。内容传播首先由熟人之间的社交引发，优先展示与朋友相关的内容，初期启动也会由于个人的社交圈和企业的私域积累显得更容易。"圈层"的特点会更突出，因为系统会提示其他好友，所以积极正面的内容也更容易得到广泛传播。

即使我们的微信好友不多，只要我们的内容足够有价值，有智能算法作为辅助推荐,内容就可以推送到更多人面前,背靠微信的 12 亿用户群,视频号具有极大的传播潜力。这种极强的社交功能更容易由点到面地发展个人用户群。

吴志祥对视频号有着极高的期待,他想将视频号做成朋友圈的升级,在其中发布创业方面的知识,培育自己的个人 IP 并宣传企业的品牌和文化。

微信庞大的流量基础让导流更便捷

微信团队将视频号定义为一个人人可以记录和创作的平台,也是一个了解他人、了解世界的窗口。视频号的入口被设置在发现页"朋友圈"的下方,足以看出微信团队对视频号的重视程度,如图 1-1 所示。与朋友圈如出一辙的提示方式也更容易培养用户的使用习惯。

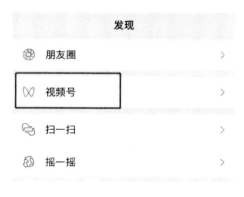

图 1-1　视频号的入口

如此重要的位置使得视频号变成了一个超级流量入口。微信团队对视频号的扶持,同样赋予它许多导流方面的规则,如可以利用推荐机制,发动自己的熟人关系链，通过朋友圈分享、微信群发等方式获取私域流量等。

随着互联网行业的高速发展，视频的市场体系也逐渐完善，渗透率稳步提高。如果说抖音、快手满足了人们对视频内容的需求，那么视频号不仅使人们对内容的需求得到满足，也使微信的社交底盘得到巩固，成为人们开启全新视频社交的序幕。

发展至今，视频号几乎打通了微信生态内的所有流量场景，在这些生态场景内产生的流量会自然地流入视频号中，使其成为一个名副其实的流量沉淀池。社交产品普遍比娱乐产品黏性更高，相比于其他平台，微信的用户黏性是毋庸置疑的。

张小龙很早就表达出他的内容观：环境决定内容。视频号这种基于社交推荐推送内容的产品一定会呈现出与抖音、快手截然不同的内容生态。

视频号镶嵌在微信系统内，依托微信的熟人社交机制，不设置流量上限，用户精准，单个粉丝的价值极高。大量活跃的用户吸引内容创作者的加入，从而形成完整的平台生态。这种现象又称"梅特卡夫定律"，即网络价值以用户数量的平方的速度增长。

每个内容生态都要经历漫长的形成过程，属于视频号的历程才刚刚开始。微信团队对视频号的扶持力度极大，视频号将使微信从图文信息媒体转变为视频媒体，实现微信生态的再次升级。此外，通过与他人直接对接的方式，视频号也将微信生态的私域场景打开，进而高效引流固粉。视频号的引流可以从以下四个方面进行。

1. 社群推广

在进行引流之前，先设计一张宣传海报，将自己账号的定位、优势等精简列出，使其达到陌生人能通过这张海报快速了解我们，对我们的视频号产生兴趣的程度。接下来将海报在社群、朋友圈中进行推广，吸引潜在粉丝。

2. 发布热门评论

大多数人都会有查看评论区的习惯，如果评论对象也是视频号的发布者，昵称就会显示蓝色。这样不仅能与未开通视频号的人进行区分，其他人还可以通过点击昵称的方式进入其主页。精心打磨出的简介会让浏览者产生留存的想法。

3. 与其他创作者相互推荐

与其他创作者进行互推也非常不错，如社群推广、评论区互动、直接推荐等方式都行之有效。与相同领域下其他方向的创作者合作可以产生更高的粉丝转化率。

4. 公众号宣传

公众号的运营者还可以在公众号内推荐自己的视频号，或者借用他人的公众号进行宣传和引流。由于公众号对篇幅没有严格限制，互推既可以一对一，也可以多对多进行。当互推双方量级不对等时，可以根据平均阅读量对推送位置或次数进行调整。

利用"公众号+视频号"矩阵进行多维度曝光

微信已经可以称得上是互联网时代的超级浏览器，它将搜索、内容、社交集于一身，每次搜索都会产生大量的长尾流量。

2021 年 1 月 19 日，微信创始人在"微信公开课 Pro"中指出，在微信的 12 亿用户中，每天都有 3.6 亿用户流向微信公众号。视频号打通公众号不仅使得微信内容的形式更加丰富，还意味着微信生态中流量充沛的区域开始向视频号全面开放。现在公众号文章的任意位置均可插入视频号卡片，一篇文章内最多可以添加十条。此外，点击公众号中的图文预告即可跳转至视频号的直播界面，此举在形成闭合链路的同时，也极大缩短了人们的操作路径。

矩阵账号是指自媒体里侧重盈利和 IP 所打造的账号。运营者往往以一个账号的领域为核心，涵盖多个细分领域的账号阵地，呈矩阵式全方位满足人们的需求。

不管在哪个平台，都不可避免地会采用矩阵账号的运营模式。因为单个账号是有增长极限的，当头部账号粉丝量到达一定程度后，平台就不会再递送新流量。对于平台而言，集中资源打造一个超级 IP 的成本远高于打造 10 个头部 IP 的成本。

不仅如此，多个矩阵号同时运营所产生的影响力也能与超级 IP 相抗衡。扩展到视频号运营上，则是由体量小、流量大的视频号将从其他生态场景中获得的流量引导到公众号中，再由公众号进一步深度扩展，从而全面覆盖领域内容，形成更为聚焦的联合账号。使得视频号与公众号同步吸引流量、提升自身的 IP 价值。

视频号和公众号的双向跳转功能的开启，使公域流量向私域的导入容易得多，由视频号将公域流量引流到公众号中，再由公众号转化和承载这些新生的私域流量。视频号可以发布带有文章链接的内容，将其他生态场景中的流量引回公众号。微信内部信息流向改变、流量流动率提升的同时，也将单向递送升级为多向散播。此外，利用公众号文章还可以将视频中的内容进行整理和扩展。

　　不仅如此，视频号还可以将微信中其他独立的产品进行连接，如小程序、微信商城等，从而形成交易生态闭环。相信再过不久，视频号将会打通更丰富的变现产业链，广告、直播、小程序、公众号等均可以与视频号进行联通。

个人 IP 建设

迅速引爆视频号价值

现在，知名 IP 都是年收入数万元、数十万元、数百万元的存在。受他们的影响，越来越多的人萌生了打造个人 IP 的想法。实际上，每个人都具备一定影响力，即使是普通人也具备成为超级 IP 的潜质。打造 IP 的关键在于我们是否拥有足够清晰的标签，以及这个标签是否具备足够的商业价值。

每个人都可以
成为品牌

从"故宫文创"发展到"李子柒"，IP 从产品向个人过渡，也从线下向线上过渡。视频号为普通人建立品牌提供了捷径，那么作为普通人该如何利用一技之长打造个人品牌，又该如何利用个人品牌反哺视频号，提升视频号的价值呢？

个人品牌是什么

罗振宇在《罗辑思维》中说过："个人品牌是目前或者未来几十年有效的连接器和流量入口，更是实现人生跃迁的利器。"

众媒时代，IP 已经变成了一个符号，是一种自带流量的内容。个人 IP 所拥有的商业价值也越来越高。IP 的崛起，其实是商业社会崛起的缩影。

IP 即 Intellectual Protocol 的缩写，原本用来代指知识产权，现在被引申为一切拥有知名度、具备市场价值的事物。如果将自身变成品牌，那么吸引人们的就不再单纯是视频，而是个人。将价值转移到自身后，不仅可以吸引人们，还无须担心同类视频的竞争问题。从个人品牌建立的那一刻起，你就拥有了极强的不可代替性，自然会有一大批人慕名而来。

打造一个个人品牌不会立即带来很强的经济效益，但会在拥有一定程度的积累后，成为知识变现的重要方式。在这个泛娱乐时代，IP 即是流量，每个人都可以把自己作为一件产品来打造。

2020 年 6 月，新视平台公布视频号榜单，李子柒荣登榜首，成为最有影响力的人物。

在短视频兴起的初期，所有运营者都在努力搞笑的大环境下进行创作，李子柒却走出了另一条路。她的视频像世外桃源一般，让人褪去疲惫，沉浸其中。她的视频通常以田园生活为基调，以传统美食为主线，从衣食住行等各方面展现中国人最传统的生活方式。"李子柒"也成为"传统文化""田园生活"，甚至"中华文化"的代表。

从目前的发展方向来看，李子柒团队倾向于将个人 IP 品牌化，自建生产线。他们与柳州商务局合作，在柳州建立螺蛳粉厂，打造高端产品，为个人品牌持续增添筹码，凭借自身影响力打造品牌。

时至今日，李子柒凭借自己的影响力打造出了属于她的品牌与"柒文化"，在国外也有极高的关注度。以"李子柒"冠名的淘宝旗舰店，在店内仅有五款产品的情况下，短短三天便创造了销售额突破千万元的纪录。旗舰店中的每款产品都是不同城市的特色食物，都有着自己的文化内涵。在同等条件下，人们自然也会倾向于选择更有深度的"李子柒"。

李子柒的成功不可复制，但每个人都可以培养品牌意识，为自己刻意打造一个个人品牌。在这个粉丝经济时代，想要一夜爆红并不困难，但如果我们想要走得长远，就还是要靠个人品牌的力量。

互联网为普通人建立品牌提供了捷径

著名社会学家、斯坦福大学教授马克·格兰诺维特，根据人与人之间在情感上的亲密度和交互行为的连接强度，把人际关系分成两种：强关系和弱关系。那些关系紧密，经常联络的为强关系；那些不需要刻意维护的点头之交则为弱关系。

在互联网时代，可以通过网络进行人与人的沟通，这为弱关系带来了更多可能。现实中对陌生人充满戒备，但在网络上，陌生人之间的信任成本则降到了最低，一个相似的观点就可以让两个人一见如故。而点对点的交流，同样会是社群经济未来的发展方向。

没有视频制作经验，丈夫负责策划脚本，妻子负责拍摄产出，这样普通的团队，在 4 个月的时间里，将视频号从零发展到如今的 18 万个用户。

随着首个账号的数据增长，他们便萌生出打造超级 IP 的想法。"整理师 Anne"侧重实操、教授基础的收纳方法，同时兼具如断舍离、极简生活等生活方式的传递；"Anne 好物"则侧重分享极简好物，提升生活幸福感和生活效率。这不仅能满足不同人的需求，同时也能让他们见证运营者的个人成长。

在接触视频号之前，他们也尝试运营过抖音、快手、小红书，相比其他平台初期需要较高的运营成本投入，视频号的社交算法对普通人更加友好，同时，也能带来更多正向反馈。同样的内容，在视频号中能突破千赞，在抖音上却只有寥寥几个。普通人或许相貌平平，也不搞笑，但是只要有可以分享的一技之长，就有机会在视频号上闯出一片天。

无独有偶，"星系蘑菇 GM"也是借助互联网建立个人品牌的普通家庭。父母负责账号的运营，小女儿则作为主讲人在视频中分享科学知识。

由于身处澳大利亚，他们大多通过 YouTube 观看视频，此前也没有使用抖音、快手的习惯。平时和家人使用微信沟通，视频号上线后，他们便产生了上传视频的想法。不到半年，"星系蘑菇 GM"就积累了 4000多个粉丝，单个视频的最高阅读量达到几万次。在这期间，他们还收到各地家长的私信，受邀聚集粉丝开展 20 多次线下课程。不过他们的目标不是变现，对他们而言，运营视频号只是家庭教育的一部分。

互联网时代让一切皆有可能，原本品牌的建立是一个漫长的过程，从产品的设计、制作，到后期的推广、售后，至少需要几十万元的启动资金。如今，打造个人品牌仅需要产出让人信服的内容，运营视频号也成为打造个人品牌的方式。

个人品牌有利于提升竞争力

随着个人影响力与商业产品的结合，个人品牌更像是一种无形的资产，通过强调个人优势降低信任成本，将个人价值商业化。个人品牌未必能带来更多的交易筹码，但在相同条件下，拥有个人品牌可以帮助我们更好地提升个人竞争力，在众多同类型题材中脱颖而出。

秋叶 PPT 的创始人张志初入行业时，就对打造个人品牌有着清晰的认知，有意识地强化"秋叶"在人们心中的形象。自秋叶 PPT 发布第一个 PPT 教程起，就有意识地开始向品牌形象发展。经过几年时间的运营打磨，秋叶 PPT 不断产出优质的课程内容，"秋叶大叔"也早已成为所有人眼中专业的 PPT 讲师，网易云课堂的畅销页面中，有一半都是秋叶 PPT 的课程。

有了个人品牌的影响力支持，秋叶 PPT 就会是人们在有相关需求时第一个想到的品牌。十年间，训练营的学员已经超过 200 万人，《和秋叶一起学 PPT》及《社群营销实战手册》等图书常年占据当当网的畅销榜单。发展至今，秋叶 PPT 已经成为其他竞争者难以望其项背的存在，线上课程的市场如此广阔，但始终没有人能与之分庭抗礼，曾经以配色惊艳一时的阿文老师如今也成为其团队中的一员。

想要打造自己的个人品牌，成为行业专家是远远不够的，还需要做到以下两点。

1. 包装自己

成功的个人品牌不能单靠个人魅力，还要对自己进行包装，向他人展示自己的个性，成功的个人品牌往往兼具优秀、鲜明、亲切等特点。同时也要注意，过度包装会起到反效果，宣传时应把握尺度，更多地展示自己的性格优势，将自己独特且极具亲和力的一面呈现出来。

2. 珍惜名誉

个人品牌在拥有知名度之后，还需要像真正的产品一样珍惜自己的名誉。人们选择我们，不仅是对我们个人能力的肯定，同样也是对我们人品的肯定。品牌并不是一个商标，它更像是信赖的标记，要树立个人品牌，最重要的就是要让人们认为我们值得信任。推荐的产品质量差或是输出的内容有专业性错误，都会导致人们的信任度大幅下降，想要建立自己的个人品牌更要珍惜自己的名誉，千万不能因为急功近利而毁掉自己积攒的口碑。

　　不仅如此，个人品牌的打造并不是一件一劳永逸的事情，还需要根据市场需求不断迭代升级，个人 IP 初步建立后，需要持续输出有价值、有深度的内容，从而进一步巩固自身在行业中的地位。

个人品牌让视频号
更有价值

视频号的出现给视频行业注入了新的活力，越来越多的人抓住红利，通过视频号展示自己。入驻的各类运营者在充实视频号内容的同时，还通过视频号打造出自己的个人品牌。这些品牌反过来帮助提升视频号的商业价值、完善视频号生态，这种互惠互利的氛围自然也值得我们投入更多的时间和精力。

个人品牌核心内涵

对于视频号而言，一个个人品牌的建立只是一个开始，更重要的是为个人品牌赋予精神内核。通过外围的宣传吸引来的人实际上更关注产品或课程本身，很少有人对发布内容的账号产生特殊的感情，一旦出现更有竞争力的产品，品牌的效用便会降低。

　　为个人品牌赋予精神内核的过程就是让扁平的标签"鲜活"起来的过程。在这种过程中，我们可以将情感价值巧妙地融入视频，让人们感受到自己是有血有肉的，进一步提升人们的观感，从而增强人们的期待感。

　　视频号的时长较短，但我们可以将个人品牌的具体内容多角度、深层次地体现出来，使得账号的全部作品能够串联成一条完整的逻辑链。有目的地在每条视频中填充主讲人的背景、性格、观念等内容，使其更加鲜活真实，从而获得人们的好感，使个人品牌的精神内核得到升华。

　　在新视的视频号月度榜单中，同一个人运营的两个账号——"长春奇点"和"开心的奇点"——常年高居榜首。主讲人也是账号的运营者，是一个名为奇点的"90后"女孩。2020年6月底，她着手运营视频号"长春奇点"，发布讲述社会现实、人际交往等正能量励志内容，其中单条视频最高播放量达2.4亿次（数据截至2021年3月）。

　　实际上，同样抓住视频号红利、主题相似的情感账号不计其数，却没有一个达到奇点的高度，主要在于他们没有像奇点一样赋予账号精神内核。

　　"我自己从小遇到的事儿特多，就自己那么一点点扛过来了，经历过后总会有一些感悟，就像我在一些视频中也在说，自己选择的路，跪着也要走下去，真的和自己的经历感悟是一模一样的。"在视频中，奇点总是将粉丝称为"朋友""家人"，视频结尾也会单手握拳，轻呼"加油"，向粉丝传递正能量。

　　她将"奇点"作为一个个人品牌，两个账号的作品之间相互联系，串联成一条完整的逻辑链。她在每条视频中都会输出自己的背景、观念等内容，同时积极与粉丝互动，听取粉丝的意见反馈，进一步获得粉丝的好感，加强了奇点的精神内核。当很多同行还在为视频号播放不过万发愁时，她已经有多个作品播放量破亿了。

　　对于视频号的运营者而言，在打造个人品牌的同时为其赋予精神内核，能有效缩短运营初期的积累阶段的时间。同样，对那些已经相对成熟的个人品牌而言，它能够帮助加深个人品牌在人们心中的形象，从而收获更高的经济效益。

垂直领域内容潜力巨大

垂直化将领域划分得更加精准，运营者最好专注于一个细分领域，只针对一类人或一类群体，将这类人或群体进行细分，做到垂直且专注。账号定位越垂直，粉丝越精准，将其转化为私域流量也就越轻松，粉丝属性明确，后期变现也会容易许多。

如今，各种分类五花八门，究其根本，可以将其概括为三大门类。

（1）专业类，如实用技能、金融财经、营销运营等。人们一般希望通过这些专业知识扩展知识面，得到快速提升。它们通常作为知识付费型节目运营。

以"保险棒棒堂"为例。运营者王林锋自研究生毕业即进入保险行业，至今已有 17 年。曾在新华人寿保险、生命人寿保险等企业任职，如今是华夏保险总裁特别助理。他持续分享保险相关知识，制作一系列相关知识点的视频，"简单说保险系列 10 讲""资管新规说保险系列 12 讲"受到广泛好评。同时，他还会在小程序商店中售卖一些保险基础知识套装书。在打造个人品牌之余，还能为企业带来更多的粉丝。

（2）人生阶段类，如高考、考研、职场、母婴等。每时每刻都会有人进入新的人生阶段，市场对这些领域的内容需求便会直线上升。它们通常作为知识、产品混合付费型节目运营。

　　"丁香医生"，是丁香园旗下专门针对大众的健康问诊品牌，致力于成为有温度、有知识、有态度的新一代大众健康品牌。它通过视频号的科普引流到公众号，引导人们在公众号上体验更深层次的服务。目前，丁香医生已科普了上千种疾病，并专门设置用于辟谣的真相板块，破解互联网上疯传的谣言。

　　（3）兴趣爱好类，如美食、美妆、游戏、生活等。兴趣爱好往往伴随着人们的整个人生，它们通常作为产品付费型节目运营。

　　在汽车这个大领域中，"四哥说车"聚焦于有趣的汽车知识，并与其他四个兄弟账号形成矩阵，囊括汽车测评、汽车资讯等多个方面。运营者将行车过程中可能会遇到的问题拍成视频发布出来，如玻璃起雾、轮圈变暗、方向盘变重等，受到有车人士的广泛好评，高居2021年2月汽车分类榜单榜首。

　　如果我们还无法将某个领域研究透彻，不妨试试在现有的垂直领域基础上，进行类型融合、跨界延伸。文化教育类的节目很容易呈现刻板严肃的效果，"张雪峰老师"以自身的健谈与镜头感迅速形成特色，在枯燥的考研指导中增加了不少搞笑元素，以幽默的语言和丰富的肢体动作，为学生讲解考研中遇到的问题。

"为自己代言"打造完美形象

　　当董明珠将格力的代言人换成了自己后，再提起"为自己代言"这句话，很少再有人想起陈欧。董明珠代言人的形象深入人心，而后凭借对自家产品的信任、为企业负责的态度，为格力集团带来了显著的收益。

成功建立个人品牌，最先受益的自然就是自己销售的产品。

"不可思懿"是一个销售翡翠的视频号，运营者是一个缅甸边境做翡翠的漂亮女孩。她每天展示缅甸的日常生活，展示她的翡翠柜台，还会用新颖的形式使视频自传播。

她的视频号内容非常简单，但传播度极高，通常都有三四千的点赞数。

区别于传统的销售方式，视频号全部通过电商的方式进行交易，视频只是扩散传播的途径，最终目的是要将人们从公域流量中吸引过来，沉淀在私域流量池内。直播也是如此，通过那一刹那的情绪调动，引导人们下单。如此看来，万变不离其宗，最后都是导入私域流量。

服务的转化也有很多模式，以房屋中介为例，可以每天拍旗下的房源，通过视频号发布，将有需求的观众都变成自己的潜在用户。同样，包括律师、导游、HR、老师等垂直细分人群的服务板块，都可以将自己日常的工作内容作为视频号发布，同时还可以提升自己在行业内的竞争力。

秋叶 PPT 的创始人，在运营十年秋叶 PPT 之后，已经成为一名资深运营人员，他在视频号"秋叶大叔"中分享视频号技巧，制作一系列相关课程知识点等视频，并在公众号中对知识点进行更详尽的阐述，引导人们关注公众号咨询并报名相关课程，最终使用线上教学的方式进行交付。

降低视频号创业风险

许多视频运营者已经在其他平台精心打造过自己，积累了一定的粉丝，可以通过强化个人品牌提高粉丝的迁移能力，使视频号创业事半功倍。在已有知名度和认知度的基础上，目标群体会主动了解我们，从而实现更高效的营销转化。

"一禅小和尚"凭借古朴的背景、可爱的动画形象在登陆抖音后不久就产生了现象级爆炸，截至 2021 年 3 月，其拥有 4733.6 万个粉丝，累计获赞 2.5 亿个，成为超级 IP 之一。在 2020 年 7 月登陆视频号后，其同样得到了广泛传播，连续两个月登顶新视月度榜单榜首。

除了像"一禅小和尚"这种由团队运营的品牌，类似的个人运营视频号还有"生态农人张运东"。当他把在抖音上广受好评的农业生态类视频发布在同名视频号上后，依然获得了很高的关注度，作品累计获赞 22.54 万个，最高获赞 14816 个。

这充分说明，优质内容总是能得到人们的支持，在其他平台上受欢迎的内容，在视频号上大概率也能收获很好的数据。实际上，有些运营者在其他平台的粉丝数不比他们多，但视频号的数据不比他们差。这足以说明不同平台的用户观看偏好不同，在视频号上，知识干货类内容更受人们的欢迎。

在成功建立个人品牌后，流量变现也会变得轻松，无论是选择销售产品还是服务，都会事半功倍。实现视频号创业是一个长远的目标，我们应该注重视频质量，同时还要加深品牌烙印，用个人品牌占据用户心智，从而降低创业风险，早日做到流量变现。

现如今，个人品牌是我们的无形资产，它可以让目标群体主动了解我们，从而实现高效的营销转化。我们更应该充分利用它，将自己在其他平台中的粉丝基础迁移到视频号中，降低视频号的创业风险。当人们认可我们，就会主动在视频号上寻找我们，这就是个人品牌的影响力。

舞蹈摄影师石磊：专业即优势

在微信视频号里面，有许多不同类型的摄影师，但说到舞蹈摄影师，最让人印象深刻的莫属"舞蹈摄影师石磊"。在视频中，石磊通常以舞蹈指导的形式出镜，只是那些一晃而过的镜头，总是会被人们反复观看，甚至还有人说自己就是来看石磊老师的。

实际上，这不是石磊第一次进军视频领域，早在 2019 年他就进行过尝试，只是当时的他在抖音上没有激起多少水花。直到 2020 年 4 月，他将之前的视频搬运到视频号后，才一炮而红，迎来自己事业的转折点。

画面中舞者身着飘逸的大裙摆，妆容、发型等也不会喧宾夺主，这就是他发布的所有视频中数据最优秀的一条，截至 2021 年 3 月，已有近8000 万的播放量，235 万点赞数。这条视频至今仍有热度，新粉丝大部分也是来自这条爆款视频。

区别于多数视频号运营者，专业摄影师的身份带给他许多便利，石磊的视频创作过程尤为轻松，在平时拍摄作品的过程中，就能积累大量的视频素材。在他的视频中，除发布精美的舞蹈摄影作品外，还会发布拍摄的花絮。他清楚地知道，自己的优势就是专业，许多粉丝就是对摄影师的日常工作感兴趣。

石磊在视频中会以自己的理解对"美"进行输出，他不会在作品中融入其他元素，不会刻意炫技，舞者的服装和妆面他都会调整到简单朴实的状态。在视频爆火后，他也会主动分析原因，全面提升自己的能力，追求却不强求爆款，如图 2-1 所示。

图 2-1　石磊对视频号的思考

石磊没有使用工作室名称作为账号，因为他明确自己的目标——打造个人 IP，以此推广自己的舞蹈摄影品牌。因此，他没有添加公众号链接、不接广告、不直播卖货、没有打通小商店，只是在视频号上乐此不疲地直播，他想以高频出现的方式，来抢占用户心智，为日后的发展铺路。

虽然石磊没有追求变现，但自他开始运营视频号起，他的摄影业务就已经出现了约 70% 的营收提升。视频号的评论区里经常有人咨询如何约拍，找他拍摄的人也从专业舞者、爱好者发展至零基础的兴趣者。目前，大部分客户都是从视频号慕名而来的，需求量大时，甚至需要提前半个月预约档期。

天下之大，无奇不有，"身怀绝技"的人也不在少数。视频号为更多的人搭建出一个被人了解、被人认可的舞台。

吴志祥：视频号更适合知识类博主

2020 年，微信视频号的加入，让视频领域再起风云。微信视频号根植于微信生态，凭借 12 亿微信活跃用户，吸引了不少企业家入驻。他们在其中记录生活、分享创业经验、探究行业新态势，如今，视频号已然成为企业家们提升品牌的新阵地。

2020 年，4 月 22 日，吴志祥在他视频号的第一条视频中回顾了同程的创立过程。在这之后，他保持每天 2 条的更新频率，截至 2021 年 3 月，他已经发布超过 300 条视频。

吴志祥对视频号的机遇十分看重，他认为知识类博主和创业者只有在此耕耘，才能找到价值。他指出视频号与其他平台的差异，就在于视频号更适合知识类博主。因为我们在输出内容时需要及时反馈，通过视频号在朋友圈预热，便可以根据反馈立即做出相应的调整。

互联网行业里，创业永远是热门话题，吴志祥曾在一条视频中提到，人生中改变命运的机会有两个，一个是高考，另一个就是创业。在他的视频内容里，创业话题占据极大的比重，他标榜自己为一名终身创业者，"选择创业肯定是难的，但是我们选择了难的这条路。选择去爬最高的山峰，然后去看最美的风景"。

除了总结自己的创业经验，吴志祥也会针对"90 后"职场新人发布有关职场经验的视频，比如怎么安排时间进行高效学习、如何设计超级话术、如何取得比同龄人更快的进步等。

同程内部现在已有一百多个视频号，基本每个部门都有专属的账号，不同的账号承担不同的职责，其中，用于传播旅途风景的"同程旅行"成长最为迅速。其他账号，多用于展现同程旅行团队内部的事情，让更多人理解在视频时代表达的价值。

吴志祥将他运营视频号的初衷总结为三点。其一，传播企业的品牌，让大家知道，在这个艰难的时刻，同程在努力地探索新的方向；其二，实现同程的投资目标，希望在未来的十年能够成就 1000 亿元的商业价值；其三，作为同程的创始人，他本人喜欢旅行，喜欢摄影，也喜欢通过视频表达自己对创业、对投资、对生活的想法。

打造出同程创始人"吴志祥"的 IP 后，他在输出品牌价值的同时还可以不断升级个人品牌，以此为同程带来更多的流量。产品和品牌路径可以被复制和模仿，但创始人作为企业的核心灵魂人物，始终具有独一无二的影响力。

身处社交时代，一个出色的创始人 IP 对品牌而言代表着强大的号召力，是企业品牌有力的传播者。在人们的注意力越来越难集中的时代，个人 IP 形成的品牌人格化，更能引起大众的注意，促使品牌之间的竞争差距拉大。

个人 IP 定位

打造独具特色的符号

让我们开启个人品牌打造的第一步，即定位。

互联网时代，判断一个人是不是专家非常简单，如果我们能在专业领域的表现优秀，能够真正解决人们的需求，就会给人们带来一种可靠感和信任感，就会得到人们的认可。

但同时，一个拥有独特人设，看起来"有点"专业的人，同样也会得到认可。当然，后续我们还需要真正深耕领域，经过长期的实践和经验积累，将其转化成为自己的专业价值，以维持自己的"专家"人设。

如何找到与众不同
的定位

定位就是找到自己热爱的、具体而明确的高价值的事情。同样在运营视频号，有人爆款频出开启了第二职业，也有人阅读量始终惨淡；在同样的视频领域，有人开班授课粉丝无数、月入过万元，也有人粉丝只有寥寥数个。出现这种问题的原因通常都是他们没有找到适合的定位。

我们要做的就是找到与众不同的定位，将视频号运营成一个真正的"人"，让它拥有自己的人格特质以及"三观"，这样才能给读者留下清晰的印象。

锁定高价值的变现空间

高价值的变现空间是指在付出同等努力的情况下能够带来更高价值回报的空间。如果我们还找不到自己的定位，那不妨先找到领域中的高价值区，再在这个区域中不断深耕。

现在做新媒体内容的门槛越来越高，仅凭着自己的兴趣爱好写文章就能爆火的好事不太可能再度发生。但如果可以锁定高价值的变现空间，再逐步吸引流量、打开局面，收入提升便只是时间早晚的事情。

想要实现高价值的变现，首先要做的就是找到高价值的目标群体。人们的消费习惯主要取决于他们的收入水平和消费观，与我们对标的目标群体收入越高，我们可能获得的价值也就越高。

我们可以通过给读者贴标签的方式了解他们，包括性别、年龄、城市、学历、消费能力等基础属性和时间管理、升职加薪等追求目标之类的基础信息。找出消费水平较高的群体，从他们的角度出发，思考他们是怎样的群体，想从我们这里得到什么，等等。观察我们的目标群体对什么感兴趣，再去与自己擅长的内容做结合。

没有明确定位的设计师，会设计海报、网页甚至户外广告，看上去专业能力都很强，同时涉猎范围很广，但是实际结果是精力分散，无法在任何一个方面做到极致。

在对设计行业进行分析后，我们不难发现目前网站和海报的设计市场相对饱和，而且收费水平并不高，网站设计通常为 5000 元，海报设计通常为 1000 元。同时，客户对此项服务的价值感知不强，在他们心中设计海报是一件简单的事，并不值得 1000 元的花销。这也直接导致设计师无法在海报设计中实现个人价值。

有趣的是，对人们而言意义重大的 Logo，虽然其设计工作相对简单，但 Logo 的使用范围广泛，一旦采用就会被注册为商标并持续使用多年。同时，人们对专业 Logo 设计师的价值感知很强，他们会认为从事这项工作的设计师有水平。因此，他们也愿意付出更多的资金。

同理，受邀撰写产品新闻稿就是一件低价值的事。产品的知名度不可衡量，想要迅速提升一般需要多方因素共同作用，企业也不会相信一篇新闻稿能带来多大的收益，自然也不会给我们带来多大的价值。

但销售型文案的撰写就是一件高价值的事。如果我们的文案能帮助他人多赚 100 万元，那他们自然不会介意支付 5 万元的报酬。同时，只要在文案中抓住产品要点，便可以在短时间内提升销量。

在如今的经济环境下，选择大于努力的情况比比皆是，不同的行业投入产出比相差巨大，在同一个行业内，不同的细分领域收入差距也很大。一个高价值定位，可以让我们在付出更少的时间与精力的同时，获得更大的收益。

3C 分析法

想要快速找到个人定位，可以使用"3C 分析法"。其核心要义即分析自己、分析行业、分析对手。

1. 分析自己，找到自己擅长和热爱的事情

做定位，首先要做到了解自己，不要盲目跟风，别人之所以能在这件事情上做出一定的成绩，可能是因为这项工作与他的性格和能力契合，也可能是因为他拥有充足的资源。每个人都有自己的擅长与热爱，只要能够发挥自己的核心能力，就足以把事情做到极致。

视频号"Kris 进化笔记"的运营者以前在一家比较知名的企业工作，但毕竟背负房贷，压力可想而知。在那段时间里，他经常失眠，每天晚上

都会思考如何改变自己的现状。当工作或生活没有头绪的时候，那些不断出现的关键词或许就是答案。

于是，他开始沉下心分析复盘，最终找到了属于他的关键词——写作。他开始尝试以写作为副业，分享自己的自律生活，令人惊喜的是，几乎每篇投稿都被推荐到首页。公众号的读者也越来越多，就这样，在兼职的状态下，他的公众号"Kris 在路上"收获了 60 万个读者。

如今，他已入驻视频号，同样在其中分享自己的自律生活。同时，他还在商店页面发布多期训练营活动，帮助他人自律。

2. 分析行业，选择有潜力的行业

一个有潜力的行业能够为自己提供巨大的发挥空间。虽然现在已经出现许多类似"Kris 在路上"的个人成长号，但大部分都是针对成人的，很少有针对小孩子的视频号，这个方向背后有大量的市场需求。家长对孩子的教育越来越重视，素质教育也是未来的教育趋势。不仅如此，家长们往往不在意在孩子身上花费高额费用，这同样是一个高价值的市场。

大方向可行，但还需要使其更加具体和明确。因为课程教育的市场已经饱和，市面上各种培训机构层出不穷，并不适合非教师专业的人参与竞争。在相似领域中，成人读书会势头大好，针对孩子的读书会却不多，很有发展前景。同时，年轻父母不知道该如何指导孩子读书，也不知道怎样给孩子塑造读书环境。

由此可见，教孩子读书的确是一个有潜力的市场。

3. 分析对手，寻找对手的优点和缺点

我们还可以对行业大号进行拆分，学习和借鉴其优点，尽量避免其缺点。

"新视"是一个不错的网站,它可以统计视频号排名,不同领域的视频号都可以在上面查到,而且每日、每周、每月也会推出最新的指数榜单。以教育领域为例,我们可以在榜单前 20 名的大号中,找到和我们定位相近的账号。

在观看一定数量的视频后,我们就能总结出这个视频号的风格和特点。当然,我们需要明确自己是来学习观摩的,不要让自己沉迷其中。重点选择那些播放量或点赞量很高的视频进行分析,总结这个视频受欢迎的原因,然后将这些优点用到自己的视频号中。

如果我们想在这个领域里钻研,分析那些优秀的前辈,总结他们成功的规律,这都是应该做的。或许一个又一个地观看历史视频听上去有些费时费力,但是这种"笨方法"往往是很有用的。

三个成就法

那么,如何找到自己热爱或擅长的领域,以充分发挥自己的热情呢?一个比较好的方法是"三个成就法"。失败是成功之母,是一句耳熟能详的俗语。但在心理学上却得出了一个相反的结论,即胜者恒胜的"胜利者效应",成功不是靠失败积累的,它需要由胜利激励。

三个成就法,就是让我们在过往的经历中选出 3 个曾从中收获了成就感的事件,从每个成就事件中挖掘出自己 3~5 个优势,其中重复出现的优势即为我们的核心能力,如图 3-1 所示。成就事件,也就是那些我们自己认为比较成功的事。并不局限于工作或学业,它们还可以来自生活、游戏、阅读等其他方面。人很难了解自己,期望中和现实中的自己往往会存在一定差距，我们以为自己拥有的能力和在实际应用中表现出的能力未必相同。在探寻成就事件的过程中，我们可以找到更多的可能性。

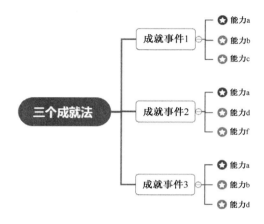

图 3-1　三个成就法

首先，仔细回忆自己的过往，尽量找到让自己觉得有成就感的事。这些成就事件不需要多大，比如帮助人们解决问题、修好自己有故障的计算机，甚至减重 10 斤等。只要我们享受这件事，或是我们会为它的实现而自豪，就可以称其为成就事件。评价的标准只有自己内心的感受，这是完全主观的评价。

其次，找一张大小适合的纸，将这些成就事件详细展开。在书写过程中可以采用 STAR（Situation、Target、Action、Result）行为事件描述法，即当时面临怎样的情况、需要完成怎样的任务、我们采取了哪些行动、结果如何，尽量做到精简、详细。同样，我们还可以从我们的资源、能力、态度三方面进行展开，更好地挖掘自己的能力和优势。

再次，梳理 3 个成就事件的共同点，圈出重复出现的能力，这很可能就是我们具备的核心能力。此时，我们得到的会是我们的基础能力，如分析能力、表达能力、文字能力、管理能力、执行能力等，如果将这些能力加以利用，做事便会更得心应手，获得更好的发展。

最后，我们可以通过分析结果，判断目前的定位是否适合自己。如果分析能力强，我们可能更适合策划、运营等职业；如果语言能力强，则更适合销售、讲师等职业。通过三个成就法，我们可以分析出自己具备的核心能力圈，从而放大自己的优势，把自己的能力发挥到极致。

选择前景广阔的市场

定位个人品牌需要考虑个人兴趣爱好、个人能力和市场，但其中最重要的是研究市场。一个有潜力的行业能为我们提供巨大的发挥空间，在现在的经济环境中，不同的行业投入产出比相差巨大，行业内部，不同方向的收入差距也很大。

为什么很多人做个人品牌定位，有了人设、标签，也做了包装和传播，但是效果并不理想。原因就是在制作过程中完全从自身出发，没有考虑市场前景和用户需求。如果选对了行业，同样的努力可以获得双倍的收益，甚至更高的收益。选择一个具有广阔前景的市场，对职业发展十分重要。那么，市场前景该如何判断呢？

第一，用户需求。如今，现代人普遍出现亚健康的问题，健康逐渐被人们重视，相关的医药、健身、中医养生等行业，势必会产生巨大的需求。

第二，科技成分。随着人工智能技术的广泛应用，与其结合的智能汽车、智能设备、智能家居等行业，极有可能颠覆传统成为爆发型行业。

第三，普适性。目前，智能手机得到广泛普及，互联网也基本实现从

PC 端到移动端的转化，互联网相关产业将持续维持上升趋势。知识付费、线上教育、新零售等与互联网结合的销售模式的前景也十分广阔。除此之外，我们还可以应用百度指数查询行业趋势，如图 3-2 所示。

图 3-2　用百度指数查询行业趋势

假如一个行业市场竞争十分激烈，就最好不要涉足，因为新进入这个行业再想获得一席之地是很困难的。如果我们可以抢占其他行业的先机，提前打好基础，那么就可以轻易地战胜后来者。就像前文提过的那样，市面上如樊登读书会、十点读书等知名读书会，都是针对成人阅读设立的，相较之下，儿童读书会的市场竞争就没有那么激烈。

总的来说，在打造个人品牌的过程中，除了解定位理论，我们还需要研究市场的需求与前景。找准本质，面对真正的市场竞争和消费者选择问题。

分析用户需求

用户需求是在运营过程中被提及次数比较多的词语，个人品牌的打造也立足于解决某类目标群体的需求。

首先，我们需要了解我们的目标群体，这可以使我们更好地理解用户需求。想要了解目标群体，可以通过典型的访谈（调研问卷）或分析调研机构的数据报告等方式来实现。调研内容并不需要局限于产品，还可以是用户的消费观、对某件事的看法、平时的爱好等，这些都可以帮助我们清晰地画出用户画像。

我们还可以通过用户的使用路径来直观地了解用户偏好，从而提取用户需求，通过数据准确了解用户的行为。当我们设计一款微课后，我们可能会发现其中的某个小节收听的频次很高，这就挖掘出了一个容易被忽略的用户需求。后面设计微课时，就可以把这个小节的内容阐述得更详尽、更清晰。

找出用户需求后，我们还需要对它们进行分析，从而做出优先级排序。毕竟资源和精力有限，优先满足那些投入小却回报高的需求，才能实现收益的最大化。分析用户需求的方法有许多，下面提供一种方法作为参考。

1. 去掉无法满足的需求

根据我们的规划和掌握的资源情况，首先将那些无法满足的需求划去。对于那些我们暂时无法满足，或者需要花费大量资金、精力才能满足的需求，最明智的做法就是暂时放弃。

2. 去掉非典型的用户需求

那些出现频次低或者需求用户少的需求，同样也需要划去。这种需求的应用范围往往比较窄，同时还会消耗我们的时间和精力，暂时将它们搁置，优先满足大量用户的需求才是正解。

3. 识别用户的真实需求

很多时候用户表达的不一定是用户需要的，我们要分析用户的表达将其转化为真实需求。例如，我们在做个人成长分享时，发现大多数用户都想要变得自律，深入挖掘后，用户的回答可能会从"自律"演变为完成某个目标，这样我们还可以将思路开阔到"帮助用户达成目标"上，从而设计微课或训练营。

4. 给需求排优先级

这些经历了层层筛选的需求，同样需要进行优先级排序，除借助排序工具"KANO 模型"外，我们还可以对那些肯定要做的需求进行粗略的排序。例如，优先解决会影响到用户正常使用的问题，再根据这个需求的出现频率、原本的产品规划、耗费的资源多少、开发周期的长短、是否存在竞品等进行依次排序。

在对用户进行调查与分析、有针对性地解决用户需求后，用户对我们的信任感也会增强，这也更有益于打造我们的个人品牌。

如何打造有
魅力的人设

人设是为定位服务的，在找到自己擅长的输出方向后，就需要开始搭建自己的人设。一个好的人设在提升自身辨识度的同时还可以增强粉丝的黏性。那些受到广泛关注的人，往往不是因为他本身有多积极向上、讨人喜欢，而在于关注他的人能从他身上获得怎样的价值。那么，一个有魅力的人设究竟该如何打造呢？

成为细分领域第一名

第一个做化妆品的不是聚美优品，但很多人只记住了陈欧；第一个进军电商的也不是阿里巴巴，但很多人都记住了马云。他们成功的秘诀就在于利用了差异化的价值，第一个进入了用户心智，把产品做到了人们的心里，成为细分领域的第一。

一提到"口红一哥"就会想到李佳琦，提到商界的"铁娘子"就会想到格力电器的董事长董明珠，他们之所以有如此高的辨识度，就是因为数十年如一日地强化个人品牌，深化这些标签与自身个人品牌的关联度。

在打造个人品牌时，为自己贴上头部化标签也是吸引人们注意力的好办法。头部化标签可以让人们提到这个标签时，就能瞬间想到我们。

视频号"主编的心机"的运营人自称阿艺，作为一家自媒体企业的时尚主编，她有着充足的行业经验。她在简介中称"这里有最专业的美妆知识和最宠你的时尚主编"。

她的视频主要采用测评 vlog 的模式，分享时尚美妆方面的内容，人们也十分相信其专业度，经常购买她推荐的产品。截至 2021 年 3 月，该视频号累计获得 29 万个点赞，最高获赞 3.8 万个。

放大镜之所以能点火，是因为它能够将平行的太阳光线聚焦到一点，通过能量聚集点燃处于焦点的易燃物。同理，在打造个人品牌的头部化标签时，需要明确自己的定位，将重点聚焦于某一方面，着力发展这一方面的优势，从而打造自己的头部化标签。

企业家可以通过提出新概念、预测行业未来发展趋势等方式打造自身专业性的标签，如在前面详细叙述过的同程集团创始人兼董事长吴志祥。同样，也可以积极与粉丝互动，将自己打造成接地气的企业家，如携程联合创始人兼董事局主席梁建章，他会在视频号中发布日常生活和直播内容的精彩集锦。

无论从哪个方面出发，我们都要明确方向、持续深耕，只有当人们在想到"专业"或"接地气"等标签时，第一时间能想到我们，这个头部化标签才是成功的。

不要忽视价值观的吸引力

这个产能过剩的时代，缺少的是有趣、有温度的人。一个有吸引力的个人品牌一定经历过长时间的累积和打磨，我们需要在输出优质内容的同时，不断地输出自己的思想，那些认可我们价值观的人会始终追随我们的脚步。如今的消费模式已经不再是单一的买和卖，而是信任和价值的传递。

李佳琦"口红一哥"的个性化标签突出，得益于他极富感染力的言语表达、反差力、明确的价值观等。在口红试色的过程中，他的价值观十分明确，会根据试色的真实感受给出建议，好看、好用的就会推荐，质量不好的就直接批评，建议观众不要购买。

价值观明确也是李佳琦个性化标签的内容之一，这个标签帮助他获得了更多人的信任，帮助其成功打造了个人品牌。

因此，在通过贴标签的方式定义个人品牌时，需要有明确的价值观导向。无论是没有缺点的完美人设，还是没有敌人的好人标签，都会显得人物形象扁平、缺乏立体人格，从而降低人们的信任感。

在打造自身人格标签时，一定要坚持正确的价值观和处事态度，要知道缺点也可以打造个性化的标签。例如，"雷氏英语"这个标签，就是根据雷军不太标准的英语发音建立的，却凸显了雷军的独特性。同时也加深了人们对于雷军的印象，使雷军的个人品牌更加深入人心。

同时，也不要给自己贴上没有敌人的好人标签，我们的价值观、社交标准和对事情的态度都十分清晰，才能将个人品牌做到定位准确、特色鲜明。当辛苦建立起来的人设因为某些事件崩塌之后，牵扯甚至毁掉的不仅是自己，还有背后的商业利益链。

例如，某企业家为了更好地推广其产品，请了当下大火的一位明星为其产品代言，这为产品带来了更多的用户，也为企业家吸引了更多的粉丝。随后不久，该明星被爆出一些负面新闻，一些品牌商纷纷与其解约，而该企业家出于对该明星强大影响力的考虑，也为了维护自己的中立标签，并未在第一时间发布任何声明，也没有与该明星解约。经此一事，许多人都对企业家的不表态、不作为感到不满，并表示不会再购买其产品。

同样，我们在对外进行价值传达时，如果为了表面上的和气采用过于中立或者讨好对方的表达，往往会丧失目标群体对我们的认同感，爱憎分明、立场清晰、略带性情则更会受到人们的偏爱。如果给自己贴上没有敌人的好人标签，待人处事模棱两可，那么就难以在人们的心中留下深刻的印象，也难以留存粉丝，又谈何被粉丝偏爱呢？

打造一个能吸引人的标签

在这个信息爆炸的时代，再好的内容也会被淹没在信息的海洋里。用户记不住内容，却能记住看过内容后的感觉，这种感觉就是人们给我们贴上的"标签"。

如今，各种"引流""吸粉"的方法，只能带来泛流量。与主动找粉丝相比，主动来找我们的粉丝自然更精准，转化率也更高。所以，我们需要主动增强个人品牌记忆点，给自己打造一个有吸引力的标签，再用丰富的内容巩固和证明它。

想要打造一个能让用户主动找到我们的标签，首先需要进行换位思考。我们看到怎样的标签会想主动关注别人，普适性强的答案是拥有好习惯、充满正能量、做了不起的事。这是重要的一部分，即我们对人们的吸引点。

当我们选择标签时，需要从自身找出对用户吸引力最强的点。以"Kris 进化笔记"为例，两个月在职考博、央企离职创业、二胎奶爸、年入百万元，这些标签让人们觉得他是一个自律、有行动力的人，同时还具有一定门槛。用户会好奇他是如何做到的，并且也希望自己能够做到，对他产生兴趣的同时也会更期待他后续发布的内容。

其次，列出关键数据。在互联网的传播过程中，用数据说话更有说服力，也能够迅速获得用户的认可。如果我们的人生经历丰富，还可以把标签纵向拉长将其作为一个剧本来看待，将获得的成就作为其中的高潮点，可以在提高趣味性的同时，让用户感受到我们是立体的、真实的人。

最后，还要写出我们能给用户提供的价值。直接说出我们能提供的价值可以让用户更好地为我们贴上标签，也能更好地建立我们和用户之间的链接。例如，"温文 wenona"就在视频号简介中将自己连续八年的创业大事件展示出来，能给用户带来怎样的价值一目了然，与同行业的人竞争时，用户也会更倾向于选择她。

好的标签自然不可能是固定的，它需要我们根据时代不断地积累和完善。优质标签的核心就是我们可以通过它获取用户的关注和认同，其关键在于围绕某一个点，持续地积累势能。标签是对外传播的旗帜，也是让人们认识我们比较快的方式，人们知道我们是谁、是做什么的、做得怎么样，才有可能会主动找到我们。

打造用户黏性高的信任背书

何猷君在参加《最强大脑》时，仅在选手介绍环节就以麻省理工金融硕士、多次获英国数学奥林匹克金牌、独立创业等标签成为热门选手，除了家族背景显赫，他本人也确实是一个不折不扣的学霸。那些可供查证的成长经历也让网友无从质疑。

在后续的节目中，何猷君更是展现出不俗的实力，成为争夺"脑王"的热门人选。他在节目中的亮眼表现也令其有了极高的关注度，更多的人了解并认可了他的创业项目。

个人品牌的打造也是如此，想得到人们的信服，就一定要拿出有力的证据，最好从权威的角度解读个人形象、展示个人能力。那么，有权威性的个人品牌究竟如何打造呢？

企业家可以通过权威机构、杂志或行业大咖的认可展现自身的权威性。比如，在自我介绍中表明自己曾受邀出席过哪些权威会议、被哪些权威杂志或机构授予过哪些荣誉称号等，同时还可以请业界大咖为自己背书，表明自己曾受到哪位业界大咖的认可，等等。

徐小平就经常在访谈中提到他投资的一些项目，为项目站台。他曾为小恒水饺背书，极力称赞李恒（小恒水饺创始人）的创业精神，并将其标榜为创业榜样。在这之后，网上就出现了很多以"徐小平""小恒水饺"为关键词的公关稿，进一步提升了李恒及其企业的形象。

视频号运营者在输出观点时，还可以以业界大咖为案例发布主题视频，如"在我创业路上，××对我的影响""我从××身上学到了什么"

等内容，借人们对业界大咖的关注为自己吸引流量。教育博主"老娜念个经"就深谙其道，常借用李佳琦、李子柒等名人的经历作为案例，同时还根据时下热点发布了"乘风破浪的女 CEO"等内容。

目前，顶层之手这种打法深受自媒体人的青睐。很多自媒体人喜欢写与业界大咖有关的文章，就是因为他们可以从中获得流量，这种成长速度会比传统方式更快。对视频号运营者而言也是如此，可以请业界大咖为自己背书，然后将他们的评价、支持等剪辑成视频发布出来，从而获得更多流量，进一步扩大个人品牌的影响力。

如何打造价值百万的个人形象

在视频号中，视频开始的前几秒是十分重要的，就好像与陌生人见面时，我们会下意识地根据对方的相貌、服饰、声音、动作等，做出一定的判断，这种先入为主的心理在心理学上被称为"首因效应"。这些第一印象未必正确，但却是鲜明、牢固的。

个人品牌所要传达出来的形象则是基于内容和人设所定位的。以"玩皮的亭子"为例，亭子的定位为大牌包手工改造达人，职业特征上偏质朴、原生态。视频一般在她的工作室中取景，完整展现改造流程的同时，还可以增强人们对她的信任感。在人们建立起对她的身份认同后，自然也会更放心地将大牌包交给亭子改造。

在服装方面，亭子基本会选择橄榄绿、咖啡色等大地色系，大地色会给人踏实、质朴、还原本真的心理感觉，同时，工作室里的大量材料和家具也大多为原木色或棕色，场景色调与大地色系的服装搭配起来也十分和谐。

需要注意的是，个人品牌首先要做的是差异化定位，不需要过度追求外形上的美，更重要的是能够强化人设或是能对内容起到辅助作用。精致的妆容反而与亭子的人设定位有冲突，符合定位的角色形象才能强化辨识度。

外在的形象只是一个方面，更重要的是个人品牌的精神内核。建立独特的精神人设才是打造个人品牌的关键，很多企业家深谙人设的重要性，希望自己能够建立起幽默、接地气的形象。无论是走高调路线的雷军、董明珠，还是走低调路线的张瑞敏、黄章，他们都建立起了独特的精神人设，并取得了不错的效果。

精神人设的核心是体现差异，个人品牌的公关铺设就是"温水煮人设"，大人物做小事，小人物做大事。这也就意味着，如果我们是潘石屹、王石那样的大人物，那可以从榨果汁、登山这样的小事上着手；如果我们只是一个小人物，则需要从投身慈善这类大事上着手。毕竟通常情况下，小人物不会被太多人知晓，应该用一些大事来让自己出头。

不过需要注意的是，做事之前应该选好方向。如果单纯为了吸引眼球、建立人设而去做一些带有负面影响的事，知名度确实可以得到提升，但形象也无疑会瞬间崩塌。

内容输出

找准方向，拒绝同质化

如今，视频领域的竞争看似在流量上，但归根结底拼的还是内容。对于所有运营者而言，内容是实现成功所不可少的因素。运营者在策划和创作内容时，应该以目标人群为核心，同时还要做到亲力亲为。

从目前的情况来看，视频号的发展已进入下半场，每天都会涌现出大量的视频。如果我们的视频没有足够高的质量，那就很难获得人们的关注和喜爱。未来，对于视频号来说，内容也依然是获得良好发展的法宝之一，即谁掌握了内容，谁就有竞争优势。

如何做出
"爆款"内容

有时，内容可以在很大程度上决定视频的质量，任何一个视频号要想获得持久发展，都应该重视内容。如今，社会正处于快速发展中，人们的需求也随之发生了改变。因此，我们要在内容上适应这种改变，紧跟潮流，根据人们的反馈及时对内容进行调整。

以 IP 为主的视频号更受官方青睐

很多专家都看好视频号的发展，认为其背靠微信这棵大树，一定有超多流量。不过，如果我们的视频号没有足够吸引人的地方，那么流量再多也不会是我们的。此外，官方更希望大家发展 IP 号而不是企业号。这也就意味着，以 IP 为主的视频号可以受到官方的青睐，获得更多流量。我们应该打造自己的IP，实现视频号的 IP 化，这样更容易被官方推上热门。

以"同道大叔"为例，它就在 IP 的打造上独树一帜，致力于将十二星座形象化。起初，同道大叔的定位为小白人的形象，后来又为每个星座设计了形象，赋予了其生命，如图 4-1 所示。在其视频号中，很多星座的形象都有亮相，如图 4-2 所示。

图 4-1　同道大叔为十二星座设计的形象　　　图 4-2　视频号的形象

同道大叔的创始人是蔡跃栋，虽然几年前他已经把这个 IP 卖给了美盛文化，但不得不说，即使现在提起同道大叔，我们还是会不由自主地想到蔡跃栋。在同道大叔深入人心的同时，蔡跃栋的个人 IP 也得到了良好发展。

如今，蔡跃栋借助自己一手打造的同道大叔在自媒体行业发展得风生水起，积累了一批忠实粉丝，获得的收益也十分丰厚。不仅如此，蔡跃栋还推出了黑天鹅孵化器，致力于投资有前景的视频号和自媒体账号。

IP对视频号和个人的重要性已经不言而喻。在打造IP时，我们要抓住时机，因为微信上有各种各样的视频号，但火爆起来的只是凤毛麟角，每个机会都稍纵即逝。基于此，要是我们没能把握好机会，那么想要再次打造IP可能要等很长时间，这是非常大的损失。

当某个IP在粉丝中引起很大反响时，我们应该立刻对此现象进行研究，找出最受粉丝欢迎的关键点，然后从这个角度出发打造自己的IP。此外，我们还要不断刷新存在感，在微信以外的平台上进行宣传和推广，争取把粉丝都吸引到微信上来，并进一步加深与他们之间的联系。如此一来，我们便可以让IP发挥出更大的作用，大大推动视频号的发展。

垂直类内容更受欢迎

视频号的门槛越来越高、形式越来越丰富，运营者要想突出重围简直是难上加难。针对这样的情况，如果是想涉足视频号的新人，那么笔者就要为你提一个建议：让自己的内容朝着垂直领域发展，而且越垂直越好。

视频号的现状是许多热门的领域已经被一些大V占领，如时尚、情感、影视、生活等，新人可以从中获取的粉丝红利越来越少，甚至可以说已经没有。如果新人想和这些大V竞争，那么只能是"鸡蛋碰石头"。

对于新人来说，垂直类内容吸引的粉丝会更精准，也会更稳定。这样的例子并不少见，如专注于星座的"同道大叔"、专注于个人宠物的"回忆专用小马甲"，还有读金庸的"六神磊磊"、点评西游记的"王左中右"

等。他们的内容都抓住了某个垂直领域,竞争通常比较小。

在创作垂直类内容方面,"我是名侦探小宇"就做得非常不错。该视频号将自己定位为"女性安全指南",致力于展现真实的犯罪案例,传播女性反侵害知识,被网友们称为微信版"法治进行时"。那么,"我是名侦探小宇"是如何做垂直于女性安全的内容,又是如何在众多视频号中突出重围,获得广泛关注的呢?这与其清晰的定位和独特的内容息息相关。

1. 锁定女性安全话题

在微信的用户中,女性的占比不低,同时拥有比较高的转化率。这一现象为"我是名侦探小宇"的女性安全话题奠定了牢固的群众基础。

2. 人设鲜明

经常出镜的主角小宇永远都是黑大衣、黑框眼镜的打扮。每当出现危险时,小宇的耳朵都会动一下,然后沉着冷静地分析案情,还经常会下意识地扶一下眼镜,最后在结尾处加一句标志语"我是小宇,帮女性远离伤害"作为总结。

首先,小宇的形象精明干练,遇事沉着冷静,符合人们在传统印象中对侦探的认知;其次,她在视频中依靠自己的聪明才智,屡次帮助自己和朋友脱离险境,这样的形象比较符合人们对女性的期待;最后,视频中氛围的营造和精彩的推理增加了人们的代入感,让内容更有价值。

3. 易于传播

"我是名侦探小宇"所针对的女性安全话题是其目标群体非常关心的

内容。这直接提升了人们看完视频后主动扩散给身边需要的人的概率，使视频的传播场景不再仅限于微信，有助于视频的宣传和推广。

4. 剧情简洁吸引人

"我是名侦探小宇"做得比较好的一点是其内容都是改编自真实案例或网友提供的真实经历，极具真实性和参考性。而且，视频的内容简洁不拖沓，起因、过程、方法叙述得当，推理的过程简单、易懂，大多数人都可以接受。

5. 内容栏目化

"我是名侦探小宇"是国内头部 MCN 机构古麦嘉禾旗下的视频号，该机构还孵化了以名侦探为核心的视频号矩阵，主打人身安全内容。如果说"我是名侦探小宇"是微信版的"法治进行时"，那么微信版的"今日说法""普法栏目剧"可能还会继续出现。这意味着视频号将来也会向电视台的系列栏目看齐。

此外，竖屏短剧这种形式介于横屏长视频与碎片化短视频之间，不仅剧情完整、节奏紧凑，还能在短时间内表达更丰富的信息，赋予人们追剧感和沉浸感，进而极大地增加了人们的黏性。

因此，我们不妨从上述几点出发，借鉴"我是名侦探小宇"的成功经验，重新定位领域，早日突出重围，摆脱内容同质化的困扰。

内容要在短时间内戳中人们的痛点

随着视频号越来越受关注，各式各样的内容层出不穷，运营者要想脱颖而出，就要迅速戳中人们的痛点。例如，papi 酱的视频号很受欢迎，其视频的播放量基本都在万级以上。这主要是因为，她的视频都有相同的特点，那就是戳中了人们的痛点。她的视频讲述的都是粉丝与其身边人在生活中曾经遇到过的事或听到过的话。

以"微信好友册封大典"这个视频为例，papi 酱在视频中讲述了为微信好友分类的事。这些事都是在生活中会真实发生的，很容易引起粉丝的共鸣，甚至还有粉丝会因此将视频推荐给身边的亲朋好友观看。通过这样的方式，papi 酱既抓住了老粉丝，又吸引到了新粉丝。

在戳中人们的痛点方面，"认真少女颜九"也做得非常出色。她深入渗透到口红试色这个垂直领域，将自己的粉丝定位为高校学生和职场小白，并向这些粉丝推荐平价好物。由于她的粉丝都是对护肤、化妆有着极大兴趣的女性，所以她一直都在创作和输出与护肤、化妆有关的视频。

"认真少女颜九"通过视频号实现了与粉丝的深度互动，进一步增强了粉丝的黏性。如今，她以始终如一的风格、勇敢做自己的精神、切实为粉丝服务的真心，将视频号的作用发挥到极致，并形成了独具特色的个人 IP。

对于想建立 IP 的运营者来说，视频戳中人们痛点、粉丝的需求都非常关键，如果不重视这两点，那就很难获得更多的点赞、评论。此外，运营者还要围绕视频的优势不断创新，并基于此打造特色，进而为自己的视频号吸引更多关注。

真实性胜过娱乐化

对于视频号来说，真实性的内容必不可少。那么，什么才算是真实性的内容呢？这是一个值得深思的问题。笔者认为，真实性的内容要反映普通的生活，让人们有代入感，觉得这个视频表现出的就是自己会遇到的经历。或者我们也可以反其道而行，讲述看似不可能发生却真实存在的事件。在这方面，"锦鲤小分队"是一个比较有代表性的案例。

凭借"锦鲤+搞笑"的风格、多次反转的内容、让人意想不到的情节，这个视频号在微信上强势突围。例如，因为包子被抢转而吃烧烤的主人公被赠送一家烧烤店；耳机掉到水里，却意外钓到鱼，最后居然被赠送了整个鱼塘……

"锦鲤小分队"的主角所到之处总能因为"锦鲤体质"而收获意外之喜。"锦鲤小分队"的视频均围绕主角的"锦鲤"人设展开，将生活中概率极低的幸运事件衔接起来，最终呈现出意想不到的结局。这种自带"祈福"功能的视频让"锦鲤小分队"评论区非常火爆。

"锦鲤小分队"可以用很短的时间完成视频号冷启动的原因有 3 个：

（1）人设鲜明，主角极具特色的"锦鲤"人设能引起人们天然的好感；

（2）内容搞笑，极富想象力，多层反转，能给人们带来新鲜感；

（3）内容的记忆点多，如固定的结尾和封面、主角的天津话等。

另外，"锦鲤小分队"的内容之所以如此受欢迎，主要是因为其中的反转看似无厘头，却也是在事实的基础上展开的。视频中虽然都是概率极低的事件，但又合情合理，甚至让人们觉得这种幸运也许能降临到自己的身上。

"我们通常都是将生活中的小幸运放大到视频中，然后合理地去丰富它们。"这是主创顾垚东对视频灵感来源的解释。例如，"烤肉美女生孩子？介都嘛事……"这个视频就是由等位吃饭引发的灵感。

围绕着"如果前面的人把号码扔给我们呢"这个问题，他们展开了合理想象：本来主角拿到的号码是 300 号，但因为前面有一对情侣吵架，恰巧把号码扔到了主角的身上，结果主角就拿到了 20 号，成功减少了等位时间。

这样的想象合情合理，虽然在生活中发生的概率极低，但又不是绝对不会发生的，以此增加视频的真实性和可看性。不过，"锦鲤"人设虽然不错，但也非常容易变得同质化。目前，带有"锦鲤"名称的视频号有几十个，其内容也都是生活中的小幸运。

然而，"锦鲤小分队"却不担心自己的内容被同质化。其团队认为能够准确表达出"锦鲤"人设是一个很大的优势，他们选择的参演人员因为平凡而真实，更容易让人们产生代入感。因此，在大量的"锦鲤"视频号中，人们会选择关注"锦鲤小分队"。

当我们在内容创作上找不准方向时，不妨从生活中找找灵感。一个好的视频往往就是源于一个富有新意的灵感。如果我们只是从其他的视频中学习经验，那么只会拾人牙慧，丢失自己的特色。艺术源于生活，视频虽然形式简单，但同样是艺术的一种，想要获得人们的认可，就应该回归到本质的生活中，让人们充分体验到真实感。

用文案消灭
同质化

一个非常普通的视频，无论是表演舞蹈，还是打个招呼、展现一个背影，如果搭配文案，那就很容易打动人心。那么，什么是文案呢？文案其实就是视频下面的文字表达。好的文案具有强烈的感染力和号召力，可以迅速抓住人们的需求，表现视频的价值。此外，封面对视频的重要性也不可忽视，我们要学会打造吸睛的封面。

打造吸睛的封面

现在，很多运营者都会在选题和拍摄上花费较大心血，也会在剪辑和字幕上反复打磨。实际上，这些行为的主要目的无非就是想让视频可以获得更多人的喜爱，拥有更高的点击率和播放量。然而，他们有时却忽略了封面的重要性。

在选择封面时，有些运营者确实过于马虎，非常随便。更有甚者还会直接在网上下载图片，然后对其进行一些简单处理就当作封面使用。这样很可能会让人们对视频敬而远之，不打开观看。因此，要想让自己的视频号受欢迎，我们就应该认真选择封面，最好是爆款封面。容易成为爆款的封面通常有以下 3 个特质。

1. 与视频相关

选择与视频相关的封面可以让人们清楚地了解到视频要表达的内容和重点，而且他们在看到封面后就可以迅速判断自己是否为目标群体，并决定是否要点击观看。微信上有一个种草类的视频号，其视频的封面有非常醒目的几个字——涂这 2 支新唇釉，春游野餐拍照稳赢。这几个字可以体现视频的内容，不会让人们产生认知错误。

2. 像素和尺寸合适

如果封面的像素非常差，甚至都无法看清楚，那就会让人们觉得视频没有档次，也不想观看。此外，封面的清晰度要是不够，也无法向人们传递信息，激发人们的观看欲望。图 4-3 和图 4-4 是美食视频的封面。不难看出，像素更高的图 4-4 更让人有点击的欲望。

图 4-3　比较不清晰的封面　　　　图 4-4　更清晰的封面

可见，我们要保证封面的像素，避免让封面对视频的质量产生影响。除了像素，封面的尺寸也是一个应该重视的问题。这个问题比较好解决，因为视频号的封面尺寸要遵循相关规定，即要与视频的长宽比一致。

3. 能够引发好奇心

能够引发好奇心的封面比较容易成为爆款。我们可以把精美的图片作为封面，可以在封面上添加问题，也可以用封面来展示核心和重点。例如，"陶白白 Sensei"的封面就通过"摩羯座陷入困境该怎么走出来？""白羊座陷入困境该怎么走出来？""处女座陷入困境该怎么走出来？"等问题引发人们的好奇心，吸引了很多关注。

需要注意的是，有水印和广告的封面一定不要使用，因为这样的封面会拉低视频的质量，让人们非常反感，还可能会受到微信的管控，无法通过微信的审核。为了让视频给人们留下深刻、长远的记忆，我们应该确保封面有稳定且统一的风格。例如，某个视频号使用了同样风格的封面，每次只更换封面的颜色。

总之，好的封面可以瞬间提升视频的质量，衬托出视频的气质。对于运营者来说，封面的设计和制作应该有一定质量和高度，同时还可以参照微信的相关规定使其更加合理。

借势型文案

带有名人的文案会让视频获得更高的点击量，因为他们本身携带大

量的流量，我们可以借助他们的高人气让视频得以更好的传播。例如，周
杰伦的粉丝看到"周杰伦曾经写过的歌""细数周杰伦成名前的历程"等
文案，便有很大概率想观看该视频。

众所周知，周星驰、刘嘉玲已经是合作多年的好搭档，他们共同参与
拍摄的影视作品受到许多网友的关注，因此出现他们文案的视频就更容
易吸引人们观看。

当然，借势型文案也并不都能获得好的效果。例如，文案涉及的名人
刚刚被爆出负面消息，这些名人为我们带来的则是负面影响。因此，对于
名人的选取，我们要十分谨慎，尽量选择一些有口皆碑的名人，防止出现
负面影响。

悬念型文案

悬念型文案是为了制造悬念，引起人们的关注。在为视频设计悬念型
文案时，我们需要以疑问、反问、设问等方式直接提出一个问题，激发人
们的好奇心，如"iPhone 的销量为什么如此好？原来是因为苹果公司在
这方面下了功夫"等。

我们要想做到这一点，需要注意两个事项。第一，提出的问题要有意
义。很多运营者可能会为了博眼球而提出一些看上去没有什么实际意义
的问题。如果文案难以帮助人们解决实际的需求，那也就很难对人们产生
吸引力。

第二，提出的问题要有诱惑力。在设计悬念型文案时，我们要使用一
些技巧对其进行包装，使其实现更大范围的推广。例如，某视频号的文案

是"你知道为什么早安比晚安重要吗"在看到这样的文案后，人们会不自觉地想点击观看视频，希望可以找到问题的答案。事实证明，通过这样的文案，该视频获得了上万个点赞和上千次转发。

总之，悬念不可以过于随意，要合情合理，不牵强。此外，悬念要干净利落，不可以故弄玄虚，避免让人们眼花缭乱，甚至厌烦。在运营视频号的过程中，悬念型文案可以让视频更有魅力，让人们欲罢不能，勾起人们的兴趣，使其想从头到尾观看视频。

互动型文案

互动型文案通过互动提高人们的活跃度，以非常巧妙的方式刺激人们观看视频。在运营视频号时，视频能否被微信不断地推荐到更大的流量池，主要取决于人们对视频的操作行为，包括点赞、转发、评论、分享等。

我们要站在目标群体的角度考虑，想一想自己的视频能否解决他们的问题，视频会不会被他们喜欢。如果我们能够以目标群体的立场设计文案，就可以使其与视频建立强连接关系。例如，我们的目标群体是上班族，那就可以在文案中使用职场、白领、办公室等关键词；如果我们的目标群体是宝妈，那不妨将育儿、成长、奶粉、奶爸放在文案中。

此外，我们还应该分析目标群体的需求，这要借助数据来进行，包括目标群体的年龄、所处地域、职业等。这些数据可以帮助我们大致确定目标群体的特征，并以此为基础与他们互动，按照他们的喜好选择文案的关键词。

如果文案具备了互动性，那就可以增强人们的体感反馈与剧情参与感，激发人们对视频的兴趣，引发人们的探讨，让人们不由自主地在视频下面评论。

互动型文案通常以提问的形式出现，借助视频提出人们在生活中会遇到的问题，引导人们表达自己的内心感受，激发人们想要交流和展现自我的欲望。例如，某视频号的文案是"如果可以和 10 年前的自己通话，你会跟'你'聊什么？"这个文案通过提问让人们在评论区留下自己的想法，促使人们回忆往事，具备很强的互动性。

我们要想更好地提升视频的点击量，还可以在文案中融入幽默元素，这样能够在增强趣味性的同时，给人们留下足够的想象空间，引导人们自然而然地评论和转发。

共鸣型文案

在共鸣型文案中，最常见的莫过于情感因素，包括爱情、友情、亲情、感动、暖心、愤怒……

如果我们想为视频搭配共鸣型文案，那在内容策划上就要以人为切入点，否则很容易适得其反。例如，我们可以在文案中将自己的想法和观点展示出来，如果其他人也有这样的想法和观点，那就会愿意观看视频，并关注视频号。

文案具有多样性，我们在搭配时一定要考虑实际情况，如视频号的定位、视频的主题、目标群体的需求等。如果我们能把文案搭配好，即使内容比较平淡，也还是有机会获得极高的点击率，使视频在更大的范围传播。

视频号适合
哪些内容

在视频号上，内容的类型是多种多样的，其针对的目标群体也各不相同。我们要根据视频号的定位和特点创作内容，这样才可以让人们留下深刻的印象，从而取得最好的效果。本节就来讲解一下视频号适合的 3 类内容，包括生活类、技能类、感动瞬间类。

生活类：挖掘场景，引发深层次共鸣

每个人都会有自己的生活，而且，随着沟通的不断简化，我们在面对自己生活的同时，还会对其他人的生活产生兴趣。在视频号上，其他人的生活被浓缩为短短十几秒的视频，为我们带来了新奇的感官体验。

在视频号上，生活类内容的成绩非常亮眼。那么，为什么生活类内容可以从激烈的竞争中脱颖而出，成为视频号的主力呢？因为此类内容门槛较低，不需要太高深的技巧。

我们在创作生活类内容时，往往只需要拿起手机拍摄，不会花费太多的时间和精力。不仅如此，我们在拍摄完毕后可以直接将视频发布在视频号上，不需要添加太华丽的文字和特效。可以说，生活类内容几乎每个人都可以创作，门槛并不是特别高。

此外，在生活类内容中，美好的小确幸随处可见，十分贴近现实，不仅很容易让人们感受到温暖和情感，还有利于形成亲切感。对于整天忙于工作、疏忽生活的人来说，这样的内容无疑具有强大的吸引力。

例如，视频号"日食记"就主打生活类内容，其选用的场景都非常唯美，再加上精致的厨具和偶尔出镜的萌猫（如图 4-5 所示），可以说是许多人梦寐以求的生活。"日食记"传达出来的是一种理念：生活也可以是这样精致且美好的。

图 4-5 "日食记"中的萌猫

很多人因为学习、工作的繁重及精力的有限，在生活中投入的心血或许并没有很多，也没有心情精心打造生活的场景。不过，这些人对"日食记"所表现出的精致生活还是非常向往的，会在观看视频时被激发起认同感，从而达到不错的传播效果。

生活类内容的最大难点是怎样从日复一日的生活中选取一个足以打动人的切入点。我们想要选好这个切入点，应该用心观察生活。普通人的生活虽然是类似的，但其中不乏特殊点，我们的前期工作就是将这个特殊点找出来，然后通过对场景和道具的布置将其具象化，以做到让人们在点开视频后能够迅速理解我们想要表达的思想。

生活类内容为了能够使人们产生共鸣，在场景的选择上一定要贴近日常。场景可以适度美化，但绝不可以过于豪华以至于脱离生活。这样会让人们产生分裂的感觉，从而难以起到宣传 IP 的效果。

当然，生活类内容也无须拘泥于家中，像办公室、教室等地点也同样没有脱离人们的生活。在地点的选取上，我们应该发散思维，不断创新，以另辟蹊径的方式使人们感到新颖和好奇，从而更好地激发共鸣感，促进视频的传播。

技能类：一分钟可以解锁的小窍门

技能类内容在微信上非常受欢迎，因为人们可以在短短的几分钟内学到一个让生活变得更便捷的小窍门。我们在创作此类内容时，一定要抓住人们的心理，尽可能为人们提供干货，只有这样才能得到人们的认可，从而获得良好的效果。

由于每个技能之间往往没有直接的联系，因此，我们在创作技能类内容时要注意风格的独特性。有辨识度的风格可以帮助我们建立一个 IP，不断加强人们的记忆，使人们留下深刻的印象。视频号比较适合与生活有关的技能类内容，此类内容通常取材于生活的方方面面，我们在创作时可以参照以下方法，如图 4-6 所示。

图 4-6　创作技能类内容的方法

1. 选择实用性强的小窍门

我们在创作技能类内容时，应该注意技能种类的选择。该技能要与生活非常贴近，能够为人们的生活带来便利。如果人们在看过整个视频后，觉得自己没有太大的收获，那么该视频无疑是一个失败的作品，会让人们感到失望。

不同的人在生活中会遇到不同的麻烦，这就要求我们在创作技能类内容前要搜集、分析数据，确定自己的目标群体，了解该目标群体在生活上有什么困难，然后据此为其量身打造个性化的作品，这样才能取得良好的效果。

2. 讲解方式有趣

专业性比较强的技能讲解起来往往比较枯燥，容易让人们感到无趣，难以专注地观看。为了更好地引起人们的兴趣，增加 IP 的曝光度，我们在制作技能类内容的过程中应该采用较为有趣的讲解方式，从而激发人们观看视频的欲望和积极性。

我们可以采取夸张的方式展示操作失误的后果。人们在视频中看到这样的画面往往会觉得非常有趣，并在了解操作失误的后果后对技能产生更强烈的好感。

3. 通俗易懂

为了让人们更好地了解和学会技能，讲解应该通俗易懂，争取做到即使新手也能够根据该视频顺利解决问题。要想达到这样的目标，讲解技能的步骤一定要非常详细，以便对新手产生指导作用。在关键的步骤上，视频的节奏应该放慢，这样不仅可以让新手观看得更清晰，也是对该步骤非常关键的一个提示。

出于对人们观看体验的考虑，视频还需要有一定的美观度，这样才能形成个人风格，从而打造一个 IP。技能类内容通常比较严肃和沉闷，难以引起人们的长期关注，我们可以通过添加特效或使用比较炫酷的拍摄手法来解决这个问题。

要想通过技能类内容在视频号上打造 IP，关键在于形成自己的风格，让人们能够一眼就辨识出视频的出处。我们在对视频进行加工时可以巧妙地加入团队的 Logo，这样不仅可以加深人们的记忆，也有利于避免视频被盗用，产生不必要的纠纷。

感动瞬间类：生活中的小确幸

生活中有很多让人感动的瞬间，这些瞬间可以打动人心，我们不妨将其记录下来，展示生活中的小确幸。例如，人民网在自己的视频号上发布了一个暖心的视频：一名森林消防员执行完任务后下山，遇到一个小女孩端着一盘糖果走来，消防员收到糖果后笑得像个孩子，走起路来都带着风，如图 4-7 至图 4-9 所示。

图 4-7　暖心的视频（一）　图 4-8　暖心的视频（二）　图 4-9　暖心的视频（三）

那么，我们如何才可以把令人感动的瞬间记录好呢？可以从以下几个方面入手，如图 4-10 所示。

图 4-10　如何记录令人感动的瞬间

1. 把情节安排得更合理

记录感动的一个重要前提是视频应该符合基本要求，即情节合理、逻辑清楚。有些运营者为了煽情，强行推动剧情走向，导致很多角色的行为都不符合人们的常识性认知。这样很难让人们产生真实感，从而无法将自己投射到视频中。

我们要想通过视频让人们感动，并产生强烈的共鸣，真实性是一个非常重要的因素。只有在逻辑清楚的基础上表现贴近生活的情节，才可以真正让人们产生真情实感，从而深入思考视频有什么内涵。

2. 选择生动有趣的形式

我们可以通过整个情节的走向表达情感，并用夸张、搞怪等娱乐手法将这份情感传达给人们。这样不仅可以让人们在笑过之后陷入思考，体会到运营者的真实用意，还可以让整个视频更自然，容易被人们认可和接受。能不能让人们感动不在于内容的严肃与否，而在于其深层次的含义有没有引起人们的共鸣。

3. 注重细节的打造

我们经常可以听到这样一句话"细节决定成败"，在视频中，无论是角色的穿着和动作，还是背景的安排，都可以成为表达情感的有效途径。如今，有些视频可能不具备太大的竞争力，究其根本还是因为内容太过普通，即使融入了情感，也不会给人们留下非常深刻的印象，更不会引发人们的思考。

　　为了有效避免上述现象的出现，我们应该注重细节的打造，从小处着手，让人们在观看视频后觉得有新意、有创意，不会产生审美疲劳。事实证明，那些细节到位的视频确实可以充分传递内容的深意，同时也会被更多人喜爱。

基础操作

视频号运营实战指南

视频号充分利用微信生态里沉淀的社交关系，形成关于粉丝的良性增长曲线。我们要学会开通和装修视频号，掌握上传和发布作品的技巧，输出有格调的视频，这样才能事半功倍地借助视频号打造个人品牌。

开通
视频号

时至今日，视频号已进入全面开放阶段，人们已经养成了良好的观看习惯。通过前 4 章的讲解，我们已经初步了解了如何打造人设和策划内容，那么，视频号具体如何操作呢？

视频号入口

我们打开微信 App，点击界面底部的"发现"，在"发现"界面中会看到视频号入口，只要点击即可进入视频号主页。不仅如此，人们还可以通过发现页的另一个入口"直播和附近"进入视频号直播。两个一级入口，也就意味着，微信生态中大量的公域流量，最终都会流进视频号中，我们无须再担心粉丝活跃度的问题，如图 5-1 所示。

图 5-1　视频号入口

同时，在视频号入口处会根据不同情况，如关注账号发布新作品、评论得到博主回复、好友点赞过的作品推荐、新视频推送等情况，分别显示不同提示。

创建视频号流程

通过入口进入视频号主页后，点击界面右上角的头像图标进入个人界面，如图 5-2 所示。此时，点击界面中的"发表视频"或"发起直播"，便可进入视频号创建界面（如图 5-3 所示），在依次完成后续操作后，一个专属于我们的视频号就创建完成了。

图 5-2　视频号个人界面　　　图 5-3　视频号创建界面

在这里，我们要注意 3 个细节。视频号名称限制在 20 个字符内（1 个汉字为 2 个字符，1 个字母或数字为 1 个字符），一年仅支持修改 2 次；常用语、商标、企业机构名、名人名字等均不可使用；视频号名称要遵守《视频号运营规范》手册。

在创建视频号主体类型时，可以在"企业号"与"个人号"之间进行选择。目前，视频号仍然与个人微信账号强制绑定，最好在开通前确定该账号的用途，避免后期产生争议。

视频号认证类型

视频号的认证类型分为兴趣认证、职业认证、企业和机构认证，如

图 5-4 所示。

图 5-4　认证类型

（1）兴趣认证。该认证要求近 30 天发表 1 个内容；有效关注数 1000 人以上；已填写简介。

（2）职业认证。该认证包括演员、作家、律师、学者等职业。在认证过程中，我们需要向平台提供职称证书、相关获奖证明、在职证明、聘用合同等相关资料。

（3）企业和机构认证。企业申请认证需要实名认证的个人视频号或认证成功的同名公众号，主要步骤如下：首先，点击"企业和机构认证"；其次，点击"开始认证"；最后，用管理员身份登录个人视频号或公众号并扫码确认。

如果该公众号管理员和视频号绑定相同微信号，在申请时，页面会自动跳转至公众号，此时点击"一键授权"即可完成认证。

个人号与企业号的区别是，视频号名称后面的标识颜色不同。"个人认证"的标识为黄色，"企业和机构认证"的标识为蓝色。

　　企业号和个人号的基本操作相似，或许在未来视频号会推出更专业的官方认证环节，同时为企业号提供各种更为便利的推广服务。

　　目前，视频号已经发起了原创计划。原创计划是为了鼓励原创内容，扶持新作者而发起的计划。原创内容推荐设置明确的内容领域，可获得更精准推荐。

上传和发布
作品

不同于其他平台的发布功能，视频号可以通过视频和图片两种形式进行发布。

上传作品分几步

一个视频号每天可以上传多个作品，主要有以下 4 个步骤。

（1）进入主页。在微信发现页中点击视频号入口，进入个人主页。

（2）上传作品。点击右上角的头像图标，点击二级界面最下方的"发布新动态"，选择"拍摄"或"从相册选择"。"拍摄"即直接拍摄视频或图片，"从相册选择"即选择保存在手机中的视频或图片。值得注意的是，剪辑好的视频有可能被微信压缩，从而影响最终效果。

（3）编辑作品。对于上传的视频或图片，视频号平台提供简单的编辑功能，如添加表情及文字、选择视频封面、添加背景音乐等。

（4）撰写文案。除文案外，还可添加话题、所在位置、扩展链接等。点击"发表"按钮后，我们的作品就正式发布了。

将该作品转发到微信群时只会显示部分文案，分享到朋友圈时有时不会显示文案内容，所以视频的封面一定要重点突出，吸引人。

作品发布时还需注意，尽量使用相机拍摄，手机拍摄出来的视频清晰度较低，难以得到广泛传播。同时，文案目前仅支持添加公众号文章链接，跨平台会被系统提示"链接未能识别，请重新添加"。

竖屏和横屏如何选择

很多运营者都想知道在视频号上发视频应该选择竖屏还是横屏。要解决这个问题，应该分析视频号和其他视频平台的区别。以抖音为例，抖音主打的是全屏沉浸式观看，而视频号则是半屏观看。

两者有什么区别呢？在抖音上看视频就像在电影院看电影，人们可以获得沉浸式体验；在视频号上看视频就像看露天电影，人们的注意力可能会被一些其他东西影响。因此，在运营视频号时，为了让人们的注意力更集中，运营者应该选择竖屏。

第一，从横屏到竖屏的过渡也是从"权威教育"语境到"平等对话"语境的过渡。人们经常可以在视频号上看到一些趋于生活化、娱乐化的内容，这些内容比较符合人们的喜好。此外，在观看竖屏视频时，运营者与观者之间的距离会更近，更利于 IP 深入人心。

第二，与横屏相比，竖屏的视觉要更聚焦，如图 5-5 所示。这有利于突出内容的核心和关键点，容易抓住人们的注意力，从而把 IP 尽可能深入地传达给人们。与此同时，竖屏的场景也更简单、细分以及具体，可以让人们快速记忆，传递更多的需求。

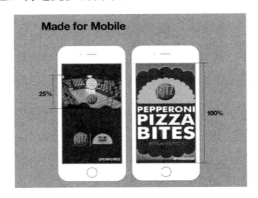

图 5-5　横屏与竖屏的比较

第三，竖屏是移动互联网时代的影像，不仅可以为人们创造更多的想象空间，还可以对各种生活场景进行重构，进而催生更多的资源，激发更深层次的社交和互动。另外，竖屏视频形成的美感和意境也和横屏视频有很大不同，这有利于用更轻巧的创意提升内容的吸引力，进而取得更好的效果。

第四，竖屏让运营者的 IP 更有"温度"，能够更好地拉近运营者与观者之间的距离，为二者营造一种强烈的亲密感。同时，竖屏的原生化场景可以让人们感觉到自然、轻松、如沐春风，就像在和运营者进行平等互动与亲密对话一般。

竖屏是视频号的一个变革，它开启了视频时代的"下半场"。不一样的视角、不一样的玩法，竖屏让运营者更接地气，也为人们提供了巨大的想象空间。在这样的趋势下，每位运营者都应该尽快突破创意边界，加入创作竖屏视频的阵营。

什么时间发布作品关注高

相关数据显示，在喜欢看视频的人中，20～24 岁的人已经占到了 30% 以上，25～29 岁的人则紧随其后。另外，某数据平台在随机分析了 2.2 万条数据后，对抖音、快手、视频号等视频平台的关键词做了搜索频次统计："教程"以超过 100 的高频次位列第一；"发型"以近 90 的频次位居第二；第三、第四分别是"化妆""北极星"。

通过上述数据可以知道，年轻人，尤其年轻女性，是观看视频的主流群体。而在这些群体中，朝九晚五上班，偶尔还会加班的人占了绝大部分。所以，我们有必要对这些人进行了解，然后再决定发布视频的策略。

作为互联网的原住民，年轻人使用软件的习惯和使用手机的习惯几乎一致。而且，他们在手机的使用上还有明显的时间一致性，即上班与下班时间的统一。互联网大数据显示，一天中有两个比较固定的视频发布时间，分别是中午和晚上。

13:00—14:00（中午），年轻人会利用午休的时间浏览手机，而看视频则成为一个非常不错的选择。19:00—21:00（晚上），人们结束了一天的工作和生活，可以彻底休息下来，浏览视频号就成为其缓解压力的途径。

知道了视频发布时间分布，运营者就可以巧妙地利用高峰时段吸引流量，即尽量选择在高峰时段内发布视频。这不仅有利于帮助运营者抓住吸引新粉丝的机会，还能够为老粉丝创造更和谐、互不干扰的交流方式，进而避免视频发布提醒干扰到他们的日常生活。

　　虽然在中午和晚上发布视频比较合适，但在这两个时间段内也有效果的好坏之分。运营者要想知道真正的结果，应该对年轻人的浏览习惯进行分析和判定。一般来说，中午应该是吃饭和休息的时间，很多年轻人会借着这个空当看一些自己喜欢的视频。不过，因为大家下午还有自己的工作和学习，所以即使会看视频，也都是草草地一览而过，不会太认真。

　　而晚上的时间段则有所不同，因为大家基本已经完成了工作和学习，可以躺在床上认真地玩手机。在这个时间段内，人们会非常放松，可以把中午那种紧绷的神经都舒展开来，通常会仔细地看视频。

　　由此来看，相比于中午，晚上发布视频的效果更好。不过应该注意的是，微信对视频号上的视频有比较严格的审核机制，运营者最好保证视频在互联网晚高峰前发布完成。这不仅有利于让视频被微信推荐出去，还可以让人们集中注意力看视频。

　　运营者在高峰时段发布视频就相当于抓住了流量的"风口"，这是迎合外在环境的重要步骤。此外，如何在粉丝身上花心思、怎样才能增加视频的点击率和播放量，也是运营者应该考虑的问题。这也就意味着，视频的发布应该与其他因素搭配，才可以取得好的效果。

装修
视频号

在运营过程中，由于微信官方并不提供流量扶持，你是否也出现过用心制作视频，数据却不理想的情况？要解决这个问题，应该重视内容策划，只有优质的内容才能吸引更多人的点赞、评论、转发及收藏，最终让我们的视频号得到越来越多的关注。

本节将从如何设计头像和名字、如何填写个人简介等维度出发，介绍如何对视频号进行"精装修"。

设计辨识度高的名字和头像

名字和头像是视频号的重要载体，我们应该重视起来。那么，什么样的名字和头像才是合格的呢？首先来介绍名字。视频号上总是有一些千奇百怪的名字，有的名字可以彰显个性，有的名字可以展示职业，有的名字则是脑洞大开，极具幽默性。但无论哪一种名字，只要可以引起人们的关注，加深人们的记忆就都是合格的名字。

那么，一个合格的名字是如何取出来的呢？为了打造形象，让 IP 深入人心，我们可以在名字中加入两个问题：一个是"我是谁"；另一个是"我是做什么的"。这两个问题是运营视频号的关键，目的是让人们对我们有一个大致的了解，减少彼此的沟通成本。

以"长弓小子设计联盟"为例，"长弓小子"回答的是"我是谁"，"设计联盟"则回答的是"我是做什么的"。人们看到这个名字后会产生丰富的联想，甚至还会在脑海中刻画出一个在工作室认真画设计图的小哥的形象。

此外，在名字中植入关键词也是一个非常不错的办法。我们首先要清楚自己要表达哪个方面的内容，然后选择一个贴合的关键词植入名字。假设我们想运营科普类的视频号，那就可以取包含"百科""知识集锦"等关键词的名字。例如，"丁香医生"是一个医学类的视频号，为了突出自己的定位，便直接在名字中植入了"医生"两个字。而"丁香"则可以在形成差异性的同时，进一步提升该视频号的影响力和知名度。

接着来介绍头像。与取名字相同，头像的选择对我们来说也非常重要。例如，从刚刚入驻视频号开始一直到现在，"影视剧安利君"的头像就是饮料、爆米花、放映机，再加上名字的组合，如图 5-6 所示。该头像不仅与其名字高度契合，还可以让人们立刻明白其定位。

试想，如果有人非常喜欢看影视剧，却又不知道应该看什么，那怎么会不在第一时间关注"影视剧安利君"并对其进行深入的了解呢？另外，头像还可以在一定程度上体现出运营者的品位和价值。也正是因为如此，头像的好坏才可以决定 IP 是否可以被人们记住。

图 5-6　"影视剧安利君"的头像

那么，我们应该如何选择头像呢？需要把握两个重点。第一，头像要制作精良，观感舒适；例如，我们可以选择自拍照或意境唯美的他拍照作为头像。第二，适当借助他人的影响力。例如，有些运营者会独辟蹊径，将自己与明星或者网络红人的合影当成头像，以使自己的知名度和关注度能够有所提升。

与内容相比，名字和头像也许更容易被运营者忽视，但其重要性已经不言而喻。人们在看视频前，通常会先注意到名字和头像，如果无法在这个阶段产生足够的吸引力，就会对后期的运营产生影响。因此，我们要为自己设计辨识度高的名字和头像。

简介是获得关注的第一步

名字和头像是充分表现自我的一个渠道，相比起来，简介则是展示信息的途径。因为简介的字数更多，更值得运营者花心思去认真思考和设计。简介作为对名字和头像进行补充的道具，其职能要更倾向于将内容复杂化、精细化。

例如，如果名字是围绕企业取的，那简介就可以详细叙述企业。当然，在进行叙述时，我们也要开动脑筋，想一想如何把这段叙述运用得淋漓尽致，把那些重要的信息全部展示出来。否则简介的作用就会被浪费。

那么，我们应该如何撰写一个好的简介呢？首先，使用诙谐幽默、简单直接的语言；其次，保证语言足够精炼、凸显利害，尽量让每个字都能发挥效应；最后，把微信号、微博名字等信息展示出来，以进一步提升引流效果。

以"七姐六妹"为例，其简介就实现了物尽其用，具体内容是这样的："静女其妹善气迎人，温婉尔雅。记录六七的成长，商务合作加 V：××××××。"还有"李佳琦 Austin"的简介也非常值得借鉴，其具体内容是这样的："涂口红世界纪录保持者，战胜马云的口红一哥，关注公众号李佳琦 Austin。"

另外，为了防止被微信认定为打广告，"七姐六妹"特意将加微信设置为"加 V"，语言也非常活泼、俏皮，充满幽默感，这样的做法很不错。

如今，视频号上的很多简介都非常简单，没有过多装饰，甚至还有不填写简介的情况，其实这样非常不好。运营者要避免此种做法，切勿浪费简介背后的流量和微信赋予的免费宣传机会。

运营者在填写简介时要多思考，做权衡。例如，选择一些比较有内涵的句子与自己的视频号对应，也可以直接对自己的性格、职业、过往经历、成就等进行描述，以加深人们对 IP 的印象。

　　最后需要注意的是，与名字不同，简介可以随时更换，运营者不需要有任何顾虑。简介位于名字的下方，也是视频号的重要载体，即使频繁更换，人们也不太会注意到。因此，我们可以根据自己的实际情况对简介进行调整和优化。

制作有格调的
视频

在信息大爆炸的时代，我们要想通过视频号打造 IP，就应该重视视频制作，不断提升视频的质量。当视频有足够吸引力时，该视频就可以获得很高的点击率和播放量，这不仅有利于让目标群体从中获得优质的观看体验和情感冲击，还有利于为我们树立良好的形象和口碑，从而进一步提升 IP 的价值。

严格把控视频的时长

起初，视频号对视频的时长有限制，即保持在 1 分钟内。但现在，随着微信版本的更新，我们已经可以在视频号上发表时长 1～30 分钟的视频了。视频号为我们提供了两种发表方式，如图 5-7 所示。如果我们想发表 1 分钟内的短视频，那就点击"短视频"，如果我们想发表比较长的视频，则需要点击"完整视频"。

图 5-7 视频号的发表方式

视频号对时长的限制比较宽松，这就要求我们应该选择合适的时长，以取得更好的效果。在视频号上，1 分钟左右的视频最普遍，因为我们可以有比较多的时间展示自己，塑造自己的形象和特质，让 IP 得到宣传。以电影解说类视频为例，此类视频是在快餐文化日益兴起的背景下诞生的，由于其时长在 1 分钟左右，且浓缩了时长在 2 小时左右的电影的精华，因此受到了人们的认可与喜爱。

此外，15 秒左右的视频也会出现在视频号上，此类视频因为时长的问题形成了独特的模式，具备比较强的社交互动性和分享性。这种特性为我们带来的商业空间在于通过与 KOL（关键意见领袖）合作在粉丝之间建立强联系，借助这种强联系和粉丝进行互动，促进视频号的传播。

那么，视频的时长到底应该多少合适呢？这个问题需要由粉丝决定。笔者认为，视频的时长虽然没有明确标准，但我们绝对不能忽视粉丝的选择。

掌握拍摄技巧，打造高端视频

由优秀的导演拍摄出来的大片通常会非常受欢迎，视频其实也是如此。要想让视频有更高的点击率和播放量，就应该想方设法拍摄出大片的效果。为此，我们要掌握一定的拍摄技巧，并将这些拍摄技巧应用到实践中。

技巧一：根据主题确定背景的色彩搭配。在确定了视频的主题以后，我们就要根据主题选择背景。一般最好选择深色的背景，这样拍摄出来的视频可以有更好的深度和对比效果。

技巧二：横向拍摄。我们在拍摄时采用横向拍摄，并固定好拍摄位置，这样可以让视频看起来有电影感。此外，我们还应该用工具固定拍摄设备，防止抖动，以保证视频的稳定性。

技巧三：适当增加一些景深镜头，凸显意境。为了不让画面变得单调，我们可以将画面分出前景、背景，让人物处于其中，并缓慢移动镜头。这样可以凸显意境，拍摄出更有吸引力的视频。

技巧四：用保鲜膜辅助拍摄。我们可以将保鲜膜摊开，挡在人物面前，然后洒上一些水。如果有必要，我们还可以加上闪光灯，选择反差色，这样会有更好的效果，如图 5-8 所示。

图 5-8　用保鲜膜辅助拍摄

　　技巧五：巧用倒影拍摄。我们可以在地上洒一些水，通过这些水倒映出人物影像，然后将拍摄设备放低，选择合适的滤镜。

　　技巧六：逆光拍摄，形成剪影。如果天气好，我们可以尝试逆光拍摄，最终的效果将会是剪影大片，如图 5-9 所示。

图 5-9　逆光拍摄，形成剪影

技巧七：转换场地。如果总是在单一的场地拍摄视频，很容易让人们有乏味感。所以，我们要学会在适当的时候转换场地，如从室内变为室外。当然，要是不方便转换场地，或者不适合转换场地，我们也可以在背景中加入一些道具或者装饰品，这样有利于让整个画面看起来更生动。

技巧八：调节速度。我们在拍摄视频的过程中，不仅可以使用滤镜、美颜等辅助功能，还可以自主调节速度。适当将速度加快或者减慢可以拍摄出带有酷炫效果的视频。

技巧九：加入趣味和个性的特效。加入特效后不仅可以让视频变得更高级，还赋予了视频一种不一样的色彩。特效通常可以分为两种：画面特效、时间特效。如果想要慢放的特效，就应该选择时间特效；如果想要灵魂出窍、冲击波等特效，则应该选择画面特效。

以上是九种拍摄技巧，理解起来比较简单，也容易操作。运营者只要用心学习，仔细钻研，即使经验不足也可以拍摄出非常精彩、有质感的视频。

用背景音乐为视频增色

视频号、抖音、微视、美拍等视频平台上的很多视频都会有 BGM，即背景音乐。背景音乐是可以贯穿整个视频节奏的重要元素，它能够让视频拥有灵魂。不过，很多视频虽然已经添加了背景音乐，但点击量依然平平淡淡、不温不火。这主要是因为背景音乐的类型选择错误，不符合视频的风格。一般来说，背景音乐可以分为以下 2 种类型，如图 5-10 所示。

图 5-10　背景音乐的 2 种类型

1. 节奏型背景音乐

节奏型背景音乐往往节奏感非常强，而且鼓点比较明显，很容易激发人们的热情。这种类型的背景音乐比较适用于舞蹈类视频、运动类视频，以及技术类视频。如果视频中添加了节奏型背景音乐，那么场景可以随着背景音乐的节奏进行切换。

例如，假设主角是人，那么镜头就可以随着节奏的变化拉近或者拉远，打造一种人会随着节奏"出现"或者"消失"的效果。主角如果是物，镜头则可以随着节奏的加强进行"抖动"或者"旋转"。总之，只要让人、镜头、物三个元素随着背景音乐的节奏动起来，就可以让视频呈现出意想不到的效果。

2. 情节型背景音乐

情节型背景音乐的歌词和旋律比较婉转，鼓点也没有节奏型背景音乐那么明显，会让人们在一种温和的环境下被逐渐吸引。此外，具有某种情节的对话录音也属于情节型背景音乐，只不过这种背景音乐使用的频率并不是很高。

如果添加情节型背景音乐，那么视频展现的情节一定是预先设计好的。运营者要想让视频更有看点，还可以再适当加入一些特写，如日常生活场景特写、风景特写等。这样不仅可以保证拍摄的顺利，还有利于增强视频的吸引力。

即使运营者找到了一个非常适合的背景音乐，也不应该立刻投入使用。因为单一的背景音乐还不足以完全表现视频的复杂情节。在这种情况下，运营者就需要让剪辑者将多个背景音乐按照情节的发展剪辑到一起，从而让视频具有更强烈的代入感。

另外，在对背景音乐进行剪辑时，要让其节奏与画面的切换达成一致，这样可以让画面更有层次。与此同时，背景音乐的选择和使用还应该张弛有度。例如，节奏快的地方多适用于多镜头快速切换，而节奏慢的地方则多适用于长镜头。

最后比较关键的一点是，我们最好选择那种不带歌词的背景音乐，以避免歌词对人们的思维产生影响。当然，版权问题也应该得到足够重视，如果使用了有版权的背景音乐，很有可能会引起纠纷，使自己和他人都蒙受损失。

运营者要是觉得大众化的背景音乐无法为视频加分，那么就自己制作原声，打造真正的差异。拍摄原声视频的方法有很多，如提前录好原声再加到视频中、一边拍摄一边录音等。即便如此，也还是万变不离其宗，那就是以内容为重点。另外，为了烘托气氛，获得更多关注，很多原声视频中还会有纯音乐，这样的做法也能够取得非常不错的效果。

重视视频的开头和结尾

在任何视频中，开头和结尾都是不可替代的重要部分，可以起到烘托气氛、凸显高潮的作用。但是，像发表在视频号上的这种 1 分钟左右的视频，因为整体的时长比较短，所以能够分给开头与结尾的时长就更短。这也就意味着，如果运营者想在这极短的时长内把开头和结尾的重要意义表现出来，就应该掌握相应的技术，积累足够的经验。

开头是整个视频的起点，应该直接展示主题，让人们迅速进入已经设定好的场景中。与此同时，运营者还要选择节奏与主题相契合的背景音乐，以便把气氛烘托到最高点，充分激发人们的情感。如果有条件，运营者也可以对主角和大环境进行简单介绍，让人们对视频的内容有大致了解，从而使人们的观看能够更顺畅。

结尾虽然位于视频的末端，但也具有非常重要的作用。从理论上讲，一个优秀的结尾不仅可以总结前面的内容，还可以渲染气氛，升华主题，让视频变得有始有终。视频如果有这样的结尾，人们的注意力就会被充分调动起来，并对内容本身产生更深入的思考。而且，即使视频播放完毕后，人们也还是会不断回味，产生新一轮的思考。

对于时长比较长的视频来说，开头和结尾可以相互呼应，但对于时长短一些的视频来说，开头和结尾则要体现变化，展示强烈的戏剧冲突，这样才可以让视频更有吸引力，进而提升人们的观看兴趣。这里以转折为例，分析某个视频在开头与结尾上的变化。

这个视频展示的是滑雪者滑雪的片段，视频中的滑雪者身姿飘逸、潇洒不凡，视频所配的背景音乐也是视频号上十分常用的一段："高手！高手！这是高手……"这样的开头将滑雪者的英勇表现得一览无余。

开头持续了大约 15 秒的时间，这段时间让人完全沉浸在滑雪者的完美表演中。15 秒过后，画面骤停，背景音乐也戛然而止，就在人们不知所以的情况下，下一组画面突然出现。原来飘逸的滑雪画面背后竟然另有玄机，那一个个跃起的动作只是摆拍而已。

这样的结尾不禁让人啼笑皆非，看着画面中滑雪者在一遍一遍地原地起跳，站在旁边的两人不停地朝画面内撒雪，以及拍摄者趴在地上拍摄的景象，不免让人感觉心酸又搞笑。知道真相的人往往已经被视频的"笑果"折服，纷纷在评论区大呼"有趣！有趣！"。

在这个视频中，人们可以看到前后的不同，也就是标题所指的开头和结尾的变化。这样的做法可以为视频增色，让视频的整体结构变得更饱满，同时又可以赢得人们的支持和喜爱，真可谓"效果"和"笑果"都完成得十分极致。

对于任何一个视频而言，开头和结尾都非常重要，笔者甚至可以这样说，开头和结尾的安排是否得当在很大程度上决定了视频的质量。因此，运营者在制作视频前，应该把开头和结尾的内容构思好，这一点非常重要。

分段拍摄塑造超长时间跨度

现在，视频号上的很多视频都采取了分段拍摄的方法，即先拍摄一段视频，暂停之后再拍摄下一段，最后组合在一起形成一个完整的视频。这听起来也许并不是特别困难，但事实并非如此，因为如果转场做不好，那视频就相当于拍摄失败。

那么，我们应该如何把转场做好呢？首先要注意的就是把握参照物的不变性和动作的连贯性。根据这两点，转场可以分为不同的类型，分别是静态转场、动态转场。

1. 静态转场：参照物的不变性

相比于接下来要说的动态转场，静态转场要更容易一些。以秒换服装的视频为例，如果我们想达到更好的效果，那就应该保证除了服装，其余的东西都不发生任何改变，甚至包括动作、表情、妆容、首饰等细微之处。同样，如果是秒换背景的视频，那就只能对视频中的背景进行改变，其余细节则要保持原样。

2. 动态转场：动作的连贯性

连贯性指的是上一个场景中的动作要无缝衔接到下一个场景中。例如，在第一个场景中，我们正做着起立的动作，起到一半就按了暂停，那第二个场景就应该从刚刚起到一半的地方继续完成起立的动作。一般来说，动态转场的方式有以下 3 种，如图 5-11 所示。

（1）人物不动，设备拍摄的方向连贯。

设备拍摄的方向连贯就是前一个场景用左手把设备从中间平移到左边，那下一个场景就要用右手把设备从右边平移回中间。这样拍摄出来的效果就和镜头绕了一圈一样。

（2）设备不动，人物的动作连贯。

如果用手机拍摄视频，前一个场景我们伸出手把摄像头盖住，那下一个场景我们还要用相同的姿势把手从摄像头上收回去。在这期间，我们可以更换服装和妆容，甚至还可以找其他人进行拍摄。

人物不动，设备拍摄的方向连贯

设备不动，人物的动作连贯

人物和设备都动，前后连贯

图 5-11　动态转场的方式

此外，我们还可以在前一个场景中把手伸向摄像头，然后切换成后置摄像头拍摄下一个场景，并在刚开始时继续把手伸出去。按照这样的方法拍摄视频，最终呈现的效果就好像我们的手把手机屏幕打穿一样。当然，为了充分保证视频的质量和可看性，我们最好只改变那些必须改变的细节，其他的细节则要尽量保持原来的状态。

（3）人物和设备都动，前后连贯。

如果是团队拍摄，那就可以尝试更深层次的方式，即人物和设备都动，前后连贯。例如，主角的头向右边看，设备也随着主角向右边拍摄，然后暂停，换成其他人和其他场景，接着让设备从左向右拍摄，最终达到后一帧推走前一帧的效果。

单凭文字表达可能会有些抽象，但我们可以结合视频号上那些优秀的真实案例进行模仿和练习。而且，在拍摄的过程中，我们可以在上述技巧的基础上不断创新，用自己的发散思维打造出更多酷炫、有效的玩法。

玩转视频号的
进阶技能

视频号仍处于飞速发展期，它给每个人、每家企业都带来了新的机会，无数普通人都在这个平台上取得了优秀的成绩。如果我们能够掌握好以下几种进阶技能，就可以更轻松地在视频号的平台上获得属于自己的价值。

充分利用评论功能

很多运营者可能不知道，评论可以助力视频号运营。因为很多时候，视频下面的评论甚至比视频本身还要精彩，而天马行空、脑洞大开的那一部分评论更是可以获得成百上千个赞。那么，运营者应该如何利用评论运营视频号呢？可以从 5 个方面入手，如图 5-12 所示。

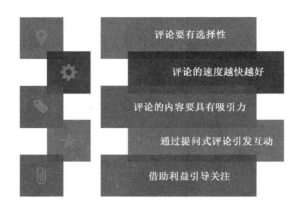

图 5-12　如何利用评论玩转视频号

1. 评论要有选择性

选择性通常是指想吸引什么类型的粉丝就要到这些粉丝聚集的视频下面评论。例如，我们希望吸引一批喜欢美妆的粉丝，那就可以到美妆类视频下面评论。

2. 评论的速度越快越好

正所谓"天下武功唯快不破"，运营者在把握机会时一定不要拖沓，要保证速度。好的机会往往稍纵即逝，评论也是同样的道理。在绝大多数视频下面，最先评论的人通常都会排在最好的位置，如此绝佳的曝光机会肯定会让运营的效果增加几倍甚至几十倍。

3. 评论的内容要具有吸引力

评论的内容一定要有吸引力，可以是语言幽默风趣的，也可以是风格独树一帜的，这样才可以让人留下深刻的印象，将其变成忠实的粉丝。由于每个视频号都有自己的风格，因此，评论的内容一定要与风格相符。如果我们的视频号一直主打"淳朴、阳光、有爱、接地气"的风格，那我们在评论时就要以此为基础，让这个风格从评论的内容中流露出来。

例如，某运营者为了凸显自己不服输的精神，在一个视频下面写了这样的评论："很多人可以非常安逸地待在家乡，但这背后还有不为人知的辛苦和无奈。我们不能被现实打倒。"这个评论获得了上千个赞，该运营者也收获了很多粉丝。

如果运营者的语言表达能力比较欠缺，那就把评论的内容写得多一些，以此展示自己的诚意，吸引人们的注意。但不得不说，几个字的评论肯定要比几百个字的评论更能打动人们。此外，评论不可以是硬广，这不仅会让人们产生强烈的反感心理，还会使运营者处于不利的境地，如因为触犯视频号的相关规则而被处罚或者禁言。

4. 通过提问式评论引发互动

提问式评论往往可以形成双方互动的局面，这可以让运营的效果有很大提升。运营者首先要在视频中找到一个立足点，然后根据这个立足点设定问题。例如，"如果一个人夸你，你一般怎么回应？""你有多久没见到自己想见的人了？""你和初恋是怎样认识，又是怎样分手的？"，等等。这样的问题通常可以吸引一大批人回答和互动。

5. 借助利益引导关注

人们为什么通过评论关注我们呢？这个问题非常重要。为了解决这个问题，我们最好加入一些利益作为诱饵。这里所说的利益可以分为两种：一种是物质利益，如优惠券、折扣券、体验券、小礼品等；另一种是精神利益，如线上课程、书籍、软件等。

运营者在利用评论运营视频号前，可以先罗列一些与视频号的风格相符的视频号，然后再定期或不定期地到这些视频号的视频下面进行评论。这样计算下来，如果运营者罗列了 100 个符合条件的视频号，那就相当于拥有了 100 个传播 IP 的入口，势必会取得不错的效果。

视频号的其他后台功能

除了基本的上传与发布功能，视频号内置的编辑功能，可以对上传的图片或视频进行简单的二次创作。曾有人预测，当微信全面开放视频号后，将会在模板、特效和音乐方面有一个较大的改进。不过，视频号的编辑功能是否会得到强化并不重要，我们应该更多地关注其社交功能。

（1）点赞。点击视频号内容右下角的心形图案或双击视频中心位置，都可以为该视频点赞。视频号官方声称："您点赞过的内容，系统也将有可能把它推荐给您的微信好友。"这也意味着，我们发布的内容很可能会在此时发生营销裂变。

（2）评论。视频右下角有一个小对话框图标，点击这个图标，就可以对视频内容进行评论。人们的大量评论同样会促使系统将这条视频推向更广阔的流量池。

（3）转发。在目前的版本中，转发给朋友和分享到朋友圈都被前置到视频的左下方。微信视频号的优势就在于，它基于微信生态的社交链，当我们将视频转发给自己的微信好友，甚至转发到微信群、朋友圈后，这条视频就能够沿着六度空间的传播路径，向外扩散、裂变。

（4）收藏。当人们喜欢某条视频时，可以点击左下角的星星图形，将其收藏。日后想要再观看时，就可以通过个人界面中"收藏的动态"进行查找。

（5）关注。如果人们想要持续关注某个视频号，可以点击视频左上角的圆形头像，进入其个人页面，然后点击简介右侧的"关注"按钮。有人认为微信是刻意将视频号的关注按钮设置在个人页面中，就是希望运营者能够将精力投入到内容创作中。

（6）发起话题。在视频号内容发布页面中有一个话题选项，我们可以自己创建一个话题或者直接参与别人已经创建过的话题。比如，"#2020我相信"的话题页面。

目前来看，播放、评论、点赞数量较多的视频会被系统推荐到"热门"页面中，人们也可以使用"附近"页面查看附近发布的视频，甚至可显示详细的双方距离，这也是视频号的重要推荐方式之一。

合理布局扩展链接

视频号允许运营者在作品下方插入扩展链接，这是一个非常不错的宣传 IP 的工具，如图 5-13 所示。目前，扩展链接的用途可以归结为以下两大类。

图 5-13　视频号的扩展链接

（1）粉丝沉淀。例如，插入公众号文章链接，吸引粉丝关注公众号，从而达到吸粉的目的。

（2）流量变现。这比较好理解，如插入红包封面链接、将粉丝导流到小程序商城等。

由此可知，视频号支持运营者添加公众号文章链接或视频号创建的红包封面链接。对于没有开设公众号的运营者来说，这个功能似乎没有太大的作用。此外，运营者如果达到一定的级别，还可以添加小程序链接，但这个功能的门槛较高。

在视频号上，运营者不仅可以凭借高质量的视频爆火，也可以通过合理布局扩展链接完成流量变现和品牌转化，进而形成 IP 的闭环。因此，运营者要充分利用扩展链接，把握这个极具价值的流量入口，以实现较好的宣传效果。

哪些行为容易被认定为违规操作

在运营视频号时，我们还需要知道以下容易被平台认定为违规的行为。

1. 在头图、封面和简介里随意导流

"秋叶大叔"曾经在头图中向自己的同名公众号导流，很快他就收到视频号平台的违规通知，同时，包括头图在内，其视频号的名字和简介也被官方全部清空。

但从 2021 年 3 月开始，视频号便已经与公众号打通，官方允许视频

号绑定相关联的公众号。因此，博主可以通过视频号展示自己的公众号。不过，对于博主利用头图、封面和简介中的信息向其他平台导流的行为，官方依然会有一定的限制。

2. 诱导人们分享、关注、点赞

如果发布的作品里存在诱导人们去分享、关注和点赞作品的行为，这样的作品会很快被平台删除。诸如"涨粉""赚钱""加粉"等都是敏感词，很容易被平台删除或限流相关作品。

除上述容易被认定为违规的行为外，平台同样严厉打击侵权行为。如果直接盗用他人视频，一经确认，就会立刻被删除，情节严重者甚至会被平台封号。如果我们发现自己被侵权或遭遇视频搬运，可以直接点击投诉，并提交相应的证据。

视频号内容制作门槛不高，同时，行业的监管政策也是随着视频号的发展在逐渐完善。因此，在创作过程中，必须严格遵守平台的规章制度和运营规范，发布不实信息，或发布低俗、有损未成年人身心健康等内容都会受到平台的严惩。

吸粉攻略

建设个人 IP 流量池

俗话说：打铁还需自身硬，但再好的铁要是没人赏识也无法发挥作用。一个有价值的视频号肯定会受到粉丝的喜爱和支持，从另一个角度看，视频号要想获得长远的发展也离不开粉丝的帮助。只有拥有了粉丝，IP 打造才可以变得充满可能性。

先圈住
种子粉丝

在竞争日益激烈的今天，粉丝已经被推到了一个非常高的地位。确实，对于运营者来说，粉丝，尤其是种子粉丝非常重要。一些运营者为了推广 IP 到处去找种子粉丝，但结果往往是什么效果都没有。随后，他们就开始抱怨为什么自己无法吸引种子粉丝。其实，这样的结果是他们自己造成的，解决方法只有一个，那就是学习吸引种子粉丝的诀窍。

明确定位，细化粉丝画像

运营者在吸粉的过程中，要想保证粉丝的黏性和精准度，就要为其建立画像。那么，什么是粉丝画像呢？其实就是将一系列真实、有效的数据抽象虚拟成一些粉丝模型，并对这些粉丝模型进行分析，找出其中的典型特征，并细化为不同的类型。

运营者将粉丝画像建立好后就可以充分了解粉丝的需求，并在此基础上进行内容的输出和 IP 策略的制定。既然要建立粉丝画像，那么我们首先要知道的是粉丝画像都包含哪些元素，粉丝画像的元素主要有以下 6 个，如图 6-1 所示。

图 6-1 粉丝画像的 6 个元素

1. 性别

无可否认的事实是，男女观念存在一定的差异性，这是基因与社会性因素使然。因此，在吸粉的过程中，我们依然要注意性别带来的不同。

例如，在视觉色彩上，喜欢冷色调的人群中男性占多数，喜欢暖色调的人群中女性占多数，也就是说，如果我们的粉丝以女性居多，那就可以把视频定位为暖色调。在内容上，星座、八卦、美妆等话题更受女性偏爱，而男性则相对更喜欢军事、科技、游戏等话题，这也为我们的策划方向提供了指引。

2. 地域

在互联网时代，必须规避地域歧视，也必须尊重地域的特殊习惯。此外，在所有地域属性中，城市属性最为关键。例如，三四线城市的粉丝更喜欢实际的优惠，我们可以有针对性地组织一些发放奖品的小活动，如抢红包大战等。

3. 年龄

视频号是互联网圈层化发展的一个产物，年龄则是最基本的圈层划分标准。换言之，年龄是天然的圈层，不同年龄的粉丝关心的重点往往不同。因此，我们输出的内容也要迎合粉丝的喜好，尽量满足他们的需求。

4. 教育程度

教育程度高的粉丝对内容的要求通常会更高，所以，对于广大运营者来说，这既是机遇也是挑战。以前面提到的"同道大叔"为例，其粉丝的消费能力就非常强，可以为其带来非常可观的盈利，但这也需要持续的、超高质量的内容来维持。

5. 收入

我们经常说"经济基础决定上层建筑"，这句话到现在都非常有道理。运营者应该根据粉丝的收入制定策略，如果粉丝更喜欢 9.9 元包邮的产品，那就没有必要为其推荐价格比较高的奢侈品，否则很可能会影响产品的销量。

6. 行业特征

粉丝的行业特征应该通过两个层面来关注：一是行业在他们身上烙

印下的痕迹、生活习惯，以及思维方式；二是他们喜欢的行业具有什么特征。这两个层面不仅体现出了观念和处事方法的不同，更蕴含着一系列有价值的信息。

通过上述 6 个元素，运营者可以为粉丝建立画像，然后再根据这个画像展开相关工作。例如，内容策划、视频拍摄、产品选取、IP 建设等。这不仅有利于增加粉丝的数量，还可以进一步提升粉丝的精准度，推动视频号的传播。

种子粉丝的强需求属性

粉丝对视频号的重要性不言而喻。随着微信的红利不断被释放，每天都有很多新的视频号出现，但其中一部分视频号还没有发展起来就已经消失，原因就在于这些视频号没有重视种子粉丝。种子粉丝通常可以成为意见领袖，并对之后的粉丝产生影响，甚至还可以把非粉丝变成粉丝。因此，在运营视频号时，大家应该思考怎样获得种子粉丝，推动 IP 的传播。

第一，运营者可以设置优惠活动。设置优惠活动是获得种子粉丝的方法之一。很多运营者在入驻视频号时都会设置一定的优惠活动，如转发抽奖、直播抽奖等。

第二，运营者可以展现自己的专业性。展现专业性也是一个吸引种子粉丝的方法。例如，企业家戴雨森在面对没有资金吸引种子粉丝的困顿局面时，将自己"包装"成一位 BB 霜达人，并发布了一个关于 BB 霜的帖子。该帖子的主要内容是讲述什么是 BB 霜、教授人们如何使用 BB 霜等。戴雨森的帖子既带有一定的专业性，语言又不失俏皮，不到 1 小时便获得了几十万的阅读量，还吸引了众多女性粉丝在社交平台上分享此内容。

不仅如此，该帖子发布后就迅速影响了女性粉丝的心理认知。在这些女性粉丝看来，BB 霜已经成为好用又不贵的典雅化妆品的代名词。通过这样的做法，戴雨森获得了第一批粉丝，其知名度和影响力有了很大提升，其 IP 也得到了不错的传播。

可见，在知识经济越来越重要的时代，专业知识对吸引种子粉丝非常关键。因此，运营者一定要掌握足够的专业知识，为输出高质量的内容奠定基础。当然，如果运营者在视频号上发布的内容总是非常正式、高高在上、不接地气，那么也会对获得种子粉丝产生影响。因此，在内容中融入通俗、幽默等元素也有利于吸引种子粉丝。

在吸引种子粉丝方面，"嘉哥 dreamer"就做得比较不错。其在视频号上的认证是宠物博主，并借此将自己打造成为一个喜爱宠物的 IP。"嘉哥 dreamer"之所以能够吸引到一大批种子粉丝，主要原因就是抓住了人们对宠物抱有爱心这一点。

喜爱宠物是发自内心的一种真实情感，人们可以在宠物的身上获得慰藉，缓解紧张的压力。然而，在现实生活中，很多人由于各种各样的原因不能真的养宠物。"嘉哥 dreamer"会经常在视频号上发布自己与宠物互动的视频，久而久之，这些人就成为其种子粉丝。

在"嘉哥 dreamer"的种子粉丝中，绝大多数都是年轻的女性。为了迎合她们的口味，"嘉哥 dreamer"会专门挑选花枝鼠、孔雀、柯尔鸭、龙猫等可爱的小型宠物进行互动，这样可以进一步深化 IP，促进视频的传播。

熟人社交更容易积累种子粉丝

对于一个视频号，尤其是一个还未积累足够种子粉丝的视频号来说，拜托熟人帮忙转发视频很有必要。这种方法需要依托运营者现有的社交资源才可以产生效果。如今，每个人都有被熟人分享微信、微博或者视频的经历，当这样的经历不断增多后，我们就可以在烦不胜烦中逐渐找到应对的措施，如虽然会帮忙但仅对分组可见等。

在这种情况下，我们不仅无法达成拜托熟人帮助在社交工具分享的目的，还会影响自己与熟人之间的关系。因此，如何有技巧地拜托熟人帮忙转发视频就成为一件非常重要的事。

社交媒体经济学中有一个概念——社交货币，它可以用来衡量人们究竟愿意在社交平台上分享何种内容。众所周知，在社交平台上进行分享是一个比较私人的行为，人们往往认为分享的内容可以体现自己的思想与品味。所以，在他人要求帮忙转发视频时，很多人会认为这种行为是强加给自己的，很可能不愿意去做。

基于上述情况，我们要树立一个良好的熟人社交关系，进而扭转人们的这种思维，具体可以从以下几个方面进行，如图 6-2 所示。

1. 建立良好的互助关系

在社交的过程中，如果一味地要求对方帮助自己做什么，那很快就会招致对方的厌烦。要是双方建立了良好的互助关系，便会形成一个良性循环。我们要想建立这种关系，首先应该做到在熟人求助自己时，且求助不是非分要求并在自己能力范围之内时，尽力给予帮助。

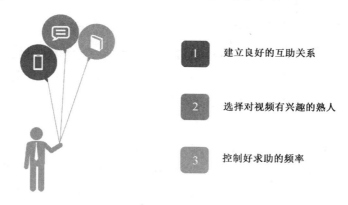

1	建立良好的互助关系
2	选择对视频有兴趣的熟人
3	控制好求助的频率

图 6-2　熟人社交平台转发

在得到帮助后，熟人会对我们产生好感，还会抱有补偿心理。等到我们拜托他帮忙在社交平台上分享视频时，他自然乐意而为，甚至还会主动帮我们在朋友圈进行宣传，从而达到更好的宣传效果，吸引更多的种子粉丝。

2. 选择对视频感兴趣的熟人

当熟人把视频分享到社交平台上时，熟人其实就是种子粉丝。所以，我们要尽量选择与自己需求导向一致的熟人进行转发。当熟人对视频产生兴趣时，就意味着该视频比较符合他的思想和品味，他自然会主动分享，并搭配真诚的评价，这样可以达到最好的效果。

拜托熟人对视频进行分享的过程其实也是一个传播信息的过程。当熟人的朋友看到视频并产生兴趣后，还会再次将视频分享到自己的社交平台上。通过信息的不断传播，视频的发布范围会越来越广，辐射的目标群体也在不断扩大，从而吸引更忠实的种子粉丝。

3. 控制好求助的频率

运营者在向熟人求助的过程中，应该控制好频率，不能让这件事成为自己与熟人之间的主要交流内容。如果我们平时很少与对方交流，甚至不交流，那突然向其求助，对方可能会念在之前建立的情谊上同意帮忙，但长此以往会让对方觉得我们是在利用他。这样不仅会使对方不再帮忙分享，还会破坏你们之间的关系。

除了拜托熟人帮忙，我们也可以将视频发布在自己的社交平台上，如抖音、美拍等视频平台，或者朋友圈、微博、贴吧等用户量巨大的平台。该做法可以使视频的播放量得到大幅度增加，也可以帮助我们吸引更多的种子粉丝。

为种子粉丝提供回报

提供回报是吸引种子粉丝的一种非常不错的方法，虽然这种方法在前期需要花费一定的成本，但产生的效果比较好，不用很长时间便可以有明显的作用。这样算下来，吸引一个种子粉丝的成本要远远低于运营者获得的利益。运营者可以采取很多措施为种子粉丝提供回报，但前提是要与视频号的定位和风格相符。

从本质上讲，通过提供回报吸引种子粉丝是对代表性启发思维的利用。这里所说的代表性启发思维是指人们在做出一个行为时，会首先考虑到和之前相同或者相似事件的已有经验及出现的结果，然后再决定最终的选择。

以现在非常流行的微博抽奖为例，为了能够吸引更多的种子粉丝，很多微博大 V 都会组织抽奖活动。人们在看到真的有人中奖后会有一种"我也能中奖"的感觉，从而对抽奖这种行为抱有很大的期待，愿意主动参与进来。

当然，如果是视频号这类的视频平台，我们就可以选择点赞送礼物的方式，即抽取评论中点赞数量最高的几位粉丝送出礼物。这种方式尤其适合美妆类或者产品测评类的视频号使用，因为可以直接将视频中出现的产品当作礼物送给粉丝。

由于礼物的质量不会太低，而且基本都是非常受欢迎的爆款，因此，粉丝会抱有极大的积极性和热情，甚至还会拜托自己的亲朋好友帮忙点赞。这样就进一步扩大了视频的传播范围，有利于吸引更多的粉丝前来点赞。

除了点赞送礼物，转发送礼物也是吸引粉丝的一个方式。如果我们的视频被很多粉丝转发，那就意味着不是粉丝的人也有机会看到，如果这些人对我们的视频充满兴趣，那很可能会成为新粉丝。这样不仅可以增加视频的曝光度，还可以为我们塑造良好的口碑和 IP 形象。

使用微信内部
工具吸粉

被高质量的内容吸引的粉丝，才是真正对我们的产品或服务感兴趣、愿意购买并传播的人。微信作为通信工具，拥有庞大的用户群。视频号依托微信生态，微信的每个内部功能都可以帮助我们吸引粉丝，下面介绍常用的朋友圈、摇一摇、附近的人等功能。

朋友圈：熟人粉丝的聚集地

朋友圈背靠着微信这棵大树，是一个流量巨大的地方。如果运营者可以将其充分利用，那将非常有利于视频的传播。腾讯公布的数据显示，微信中 80% 以上的流量都来自朋友圈，所以，当我们把自己的视频转发到朋友圈后，不仅能够获得微信好友的关注，还相当于为视频和视频号的推广增加了一个渠道。

当我们把视频转发到朋友圈时，需要考虑很多因素，如搭配的文字内容不能太长。朋友圈对文字内容有限制，通常只有 6 行，大约是 120 个字。一旦超过这个限度，文字内容就会折叠起来，必须点击"全文"才可以完整查看。

为了解决上述问题，我们要学会提炼关键词，争取把长内容变成短内容。例如，我们转发了自己的美妆视频到朋友圈，那就可以把"化妆""变美""好用的美妆产品"等作为关键词，这样可以吸引对美妆感兴趣的微信好友，并让其随之转发。

除了让视频出现在自己的朋友圈，我们还要让视频出现在微信好友的朋友圈，这不仅可以帮助我们尽快把个人标签传播出去，还利于促进存在感和竞争力的提升。而且，这还可以让我们获得扩大交际圈的机会，为之后的跨界奠定基础。

当我们把视频转发到朋友圈后，这个视频肯定会被微信好友看到，而这些微信好友中肯定有一部分是视频号的忠实用户。如此一来，视频就可以不断扩散，我们的影响力也会有很大提升，最终实现快速积累人气和推广 IP 的效果。

在吸粉和传播 IP 方面，朋友圈确实可以发挥作用。不过，我们要想充分利用这个渠道，应该把握好尺度，千万不要试图刷爆朋友圈。因为即使是最亲密的微信好友，也很难忍受我们每天发十几条甚至几十条朋友圈。

摇一摇：打通陌生粉丝的通道

无论是知识型账号还是服务型账号，想要将其运营起来都需要庞大的流量支撑。流量就是粉丝，了解粉丝的需求才是引导流量的关键，从客户的需求和利益出发才能找到突破口。那么，如何才能省时、省力地获得流量呢？

图 6-3　"摇一摇"界面

被动吸粉是精准的引流方式，"摇一摇"给我们提供了一条很有效的路径，如图 6-3 所示。这是一个随机交友功能，我们可以通过摇动手机或点击按钮模拟摇动，匹配到同时触发该功能的微信用户。将个人信息展示在简介中，还可以快速被他人获取，省去传单、名片等物料的开支。通过这种方式，我们就可以有选择地将匹配到的人保存到通讯录中，如果我们的微信名片足够吸引人，对方也会主动添加我们。

需要注意的是，一天 10～20 次的频次最为适宜，使用次数过多会导致微信后台误判，从而限制部分功能的使用。

附近的人：本地化的粉丝运营

附近的人与摇一摇同为陌生人社交功能，在微信发展初期它们吸引了大量用户，是微信得到广泛传播的重要原因。这是一个基于服务器位置信息的社交功能，这些信息也可以由人们自行清除。随着视频号的爆发式更新，该功能逐步成为获取关注的有效渠道。

动态卡片的右下角处会显示发布人与对方的距离范围，点击就会自动播放视频，下方还会显示相关话题、定位信息和距离范围等。人们还可以将其分享至朋友和朋友圈，为该条视频带来更多流量。

除一些接地气的内容外，在视频号中还能刷到附近的人，以及朋友的朋友的视频，满足了人们扩大社交圈的需求。同样，由于这个社交圈是人们想要或者正在关注的，因此发展为有效社交关系的可能性极大。

微信视频号的附近功能并没有得到官方宣传，从目前的功能来看，它可以有针对性地主动引流，是视频号突破私域的重要流量入口。如果我们的微信好友不能为视频号的初期启动提供助力，或者我们运营的内容有很强的地域属性，那么，附近的人这个功能十分值得我们重点运营。

例如，我们可以通过区域进行基础的流量过滤，再通过观察头像、签名、朋友圈等内容判断哪些人是我们的潜在粉丝，最后通过这些基本信息主动打招呼引流。

公众号：互助式吸粉

公众号是很多运营者都会使用的一种吸粉工具，该工具有独特的优势（如图 6-4 所示），这些优势可以给予粉丝更好的互动体验。

1. 成本低、效果好

开设公众号是免费的，运营者需要投入的只有日常维护成本。而且，由于关注公众号的粉丝都对视频感兴趣，视频号的定位和风格也符合其需求，因此，在后期的运营方面，运营者也可以据此为其推送更有针对性的文章。

通过这种方式，与公众号进行互动的粉丝往往是有特定种类的，这部分粉丝的需求已经被高度满足，有极大的转化成为忠实粉丝的潜力，对运营者个人 IP 的发展也有推动作用。这种方式尤其适合资金不足且经验尚浅的运营者使用。

成本低、效果好

内容形式多样

自由度高

图 6-4　公众号的优势

2. 内容形式多样

公众号根植于微信，运营者在日常推送内容时可以采用文字、图片、语音等形式。运营者可以根据需要传递的信息的不同而选择不同的形式，这些形式使互动变得更灵活。而且，公众号可以接纳多种形式的内容，容易让粉丝有新鲜感，可以加强粉丝互动的欲望。

关于在公众号上推送内容，笔者建议多使用语音的形式。因为与文字、图片相比，语音能传达更多的情绪和信息，有利于拉近运营者与粉丝之间的距离，使其建立稳固的连接，从而保证粉丝不易流失。

3. 自由度高

粉丝可以自己决定是否要关注公众号，关注后也可以选择是否接收内容。粉丝如果进行相关设置还可以通过发送关键字来选择要接收的内容。这种方法提高了粉丝的自由度，将获取内容的过程从被动转化为主动，可以激发粉丝的积极性，使其在互动中占据主导地位。

粉丝在关注公众号后可以选择在自己空闲时接收并浏览内容，这不仅为其带来了更好的互动体验，也提高了内容被浏览的概率。运营者要想通过公众号与粉丝进行互动，应该让粉丝了解与关注公众号，比较好的方法是将视频号与相关联的公众号绑定。例如，"日食记"就在视频号的主页上添加了公众号链接，让视频号的粉丝可以轻松地进入它的公众号浏览内容，如图 6-5 所示。

此外，粉丝也可以通过扫描二维码对公众号进行关注，这种方式在简化粉丝操作的同时，也更有利于运营者将二维码融入视频。例如，视频号"刘老师说电影"就在其视频中以一种意想不到的方式展示公众号的二维码。

图 6-5 "日食记"的公众号链接

需要注意的是，公众号的植入要尽量与剧情贴近，并富有搞笑色彩，这样就让植入变成视频中有趣的一部分，避免粉丝产生反感情绪。

除了在视频中植入二维码，运营者还可以通过一些小的利益吸引粉丝关注公众号。这些小利益并不单单指物质上的回馈，还包括精神上的满足感，如关注公众号可以更快速地得到第一手资讯等。运营者可以根据粉丝的不同需求选择不同的方式。

多平台
联合吸粉

曙光度的多少意味着一个视频可以被多少人看到，曙光度越多，视频的传播效果就越好。人们在使用手机时不仅会观看视频，还会浏览一些自己喜欢的平台，如QQ、微博、社区、音乐与视频平台等。面对这样的情况，运营者可以融合这些平台，加强与人们之间的联系，让人们对视频留下更深刻的印象，从而增加视频的曙光度，达到吸粉的目的。

QQ：导流的有效渠道

对于现在的年轻人来说，QQ不是一个陌生的社交平台。不过，随着微信、知乎、小红书等社交平台的出现，QQ面临着越来越大的挑战。在这种情况下，QQ开始专注于分发视频，超过10亿次的平均日播放量为其发展注入了一针强心剂。

QQ定位于年轻人，他们身上普遍存在的一个问题是压力比较大，需要适当的娱乐活动排解压力，这时QQ巨大的娱乐价值就体现出来了。

新一代年轻人是随着互联网成长起来的，他们喜欢游戏、美妆、动漫、明星、情感分析、搞笑、宠物等内容。如果我们正在运营一个主打此类内容的视频号，那就可以通过 QQ 吸粉，效果势必会不错。

当 QQ 的用户成为我们的义务传播员时，这对我们来说是再好不过的事了。笔者认为，QQ 作为一个导流和宣传视频号的渠道其实很有优势，主要体现在以下四个方面。

（1）精准度高。发布在 QQ 上的内容面向的对象是我们的 QQ 好友，在这些好友中，有很大一部分可以成为我们的粉丝或者潜在粉丝。

（2）关注度高。QQ 的关注度比较高是一个毋庸置疑的事实，如浏览好友发布的动态是很多人每天都会做的事。他们也会在闲下来时点开 QQ 空间看一些内容缓解无聊。因此，运营者要想在 QQ 上推送自己的内容和视频号，并受到人们的关注并不是很难。

（3）互动性强。QQ 具有比较强的互动性，在 QQ 上，大家可以随意转发、评论、分享自己喜欢的内容。如果我们推送的是高质量的内容，那么很可能会被人们转载到自己的 QQ 空间，从而使内容得到更广泛的传播和推广。

（4）信任度高。在 QQ 上和好友相互分享自己喜欢的内容可以增加双方的感情，提高彼此的信任度。得到了对方的信任，运营者在传播自己的视频号时会减少很多的阻力。

除了在 QQ 上发布内容，运营者也可以将粉丝导流到 QQ 群。不过，运营者应该严格控制群员的数量和质量。也就是说，当 QQ 群达到一定规模时，运营者需要把黏性不强、忠诚度不高的群员剔除出去。而剩下的群员便会吸引一些同样高质量的新群员，从而使 QQ 群始终保持强大的活力和生命力。为了提升 QQ 群的活跃度，让群员的热情和积极性能够持续增长，运营者还可以不定期为其准备一些福利、策划一些活动。

视频号依托着社交属性比较强的微信。运营者在培养粉丝或者导流时，首先想到的也应该是 QQ 这种社交属性比较强的渠道。这样不仅可以让粉丝实现最大化成长，还可以将视频号的粉丝分解开来，从而进一步提升视频号运营的精准度。

微博：打造双微互动

在微博上，很多功能都是一对多模式，如当博主发布微博后，一大批粉丝会对这条微博进行点赞、转发或者评论，最终促成互动行为。基于微博的这个特点，运营者可以开设一个微博号用于传播视频号，以达到更好的吸粉与导流效果。

当运营者把视频发布到微博上并被粉丝转发后，关注该粉丝的用户就可以看到，同时，也很有可能会进行二次传播。在这个过程中，运营者的视频号能够得到有效推广，影响力覆盖的范围也能够大幅度扩大。此外，如果运营者有自己的微博号，那就可以把视频号的粉丝导流到微博，与其进行更深层次的互动，这样更有利于 IP 的推广。

运营者还可以在微博上举办转发抽奖、关注有红包等优惠活动吸引粉丝的加入，从而使粉丝变得更活跃。此后，运营者可以对粉丝进行筛选，留下最核心的忠实粉丝，为视频号的变现奠定基础。这里提到的转发抽奖是一种非常有效的优惠活动，如果有越来越多的粉丝参与其中，还可以形成长尾效应，如图 6-6 所示。

在微博上，经常登上热搜的知名博主因为粉丝基础十分庞大，具有很大的影响力和经济价值，所以运营者与其竞争的成本会比较高。

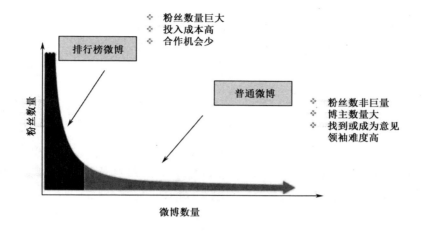

图 6-6 微博上的长尾效应

在这种情况下，如果运营者想达到吸粉和导流的目的，那就应该另辟蹊径，利用转发抽奖等方式引起关注。随着加入的粉丝越来越多，长尾效应便会逐渐形成。运营者在刚刚开始使用这种方式时虽然需要花费一些成本，但最终获得的经济价值将非常可观。

社区：垂直粉丝的聚集地

百度贴吧、知乎、论坛等社区型平台是粉丝的聚集地，这些平台因为免费的特征受到了很多运营者的青睐。百度贴吧是知名的中文网络社交区，用户数量众多；知乎以制造话题为主，用户的活跃度比较高；论坛是热门话题的聚集地，有比较高的曝光度。

（1）百度贴吧：标题设悬念，选择合适贴吧。

运营者要利用百度贴吧吸粉，首先要了解什么样的帖子才能达到这个目的。一个富有悬念的标题通常可以充分调动人们的好奇心，运营者可以为自己的帖子取一个这样的标题。此外，运营者可以在帖子的结尾处适当留白，也可以起到同样的效果。

例如，在推理吧，某楼主就通过"一些有深意的心理图，你能看懂几个"这样的标题激发人们的阅读兴趣，最终达到为视频号吸粉的目的。

在吸粉时，悬疑类的视频号可以选择推理吧，美食制作类的视频号可以选择美食 DIY 吧。根据受众的不同选择合适的贴吧发布内容也是一种更有效率的吸粉方式。此外，百度贴吧的第一楼是不能发送对外链接的，运营者一定要注意这一点，防止自己的努力付诸东流。

（2）知乎：直接引用有价值的话题。

知乎上的话题有抛砖引玉的作用，一个有价值的话题可以吸引大 V 的评论和回答。运营者在做不到输出原创文章的情况下，可以采用以上方式，因为设置有价值的话题比创作高质量的原创文章更容易。一位在电商销售茶叶的视频博主在知乎上提问"茶叶有多少种？饮茶的方式上有什么区别？"得到了大 V 的优质回答也为自己的视频增加了点击量。

（3）论坛：瞄准热门问答。

各大论坛中都有热门问答这一栏，运营者可以充分利用这个资源进行引流。因为这些热门问答的参与者非常多，是较为集中的用户聚集地，话题关注度高也可以提高导流的效率。

以上就是利用百度贴吧、知乎、论坛进行导流的方法，运营者可以适当借鉴，以提高视频号的关注度。

音乐与视频平台：扩展内容的好方式

如今，除了视频号、快手、抖音、哔哩哔哩等非常受欢迎的视频平台，一些音乐平台也非常盛行，在这些音乐平台上进行推广也不失为一种很好的策略。而且，音乐平台与视频平台具有一定的共通性。

以网易云音乐为例，该音乐平台上的很多热门歌曲也是视频号上绝大多数热门视频使用的背景音乐。由此可知，在音乐平台上推广自己的视频号，势必可以取得非常不错的效果，甚至还有机会把一部分目标群体发展为潜在粉丝。

运营者在音乐平台，尤其是主流音乐平台进行推广时，可以采取两种方式：一是把自己的视频号展示在评论区，如"我也很喜欢这首歌曲，而且还用它拍摄了一段视频，如果大家感兴趣的话，不妨移步我的视频号××××××"；二是建立自己的官方账号，在上面发布一些与视频号相关的信息，这同样可以帮助我们吸引到一大批志趣相投的粉丝。

在音乐平台上进行推广一方面有利于借助前期积累的经验，让操作更加得心应手；另一方面，有利于进一步提升宣传视频号的效果。不过，需要注意的是，评论区的评论展示及官方账号的信息发布都要保持一定的频率，形成固定的周期，这样才不会让已经成型的粉丝和流量出现流失。

由上述内容可知，音乐平台是为视频号做推广的一个重要阵地，但除此以外，一些比较主流的视频平台也可以成为推广视频号的高效渠道。而且基于两个平台的具体操作也大同小异，没有本质上的差别。

举一个比较简单的例子，我们可以去评论"优酷""爱奇艺""腾讯"等视频平台上的热门视频，让喜欢这些热门视频的人都可以知道我们的视频号，进而成为我们的忠实粉丝。通过长期不懈的坚持，我们的视频号不仅可以得到广泛传播，转化而来的粉丝也可以越来越多，并逐渐形成补给般的增长。

总之，音乐平台与视频平台都可以帮助视频号进行推广，只不过我们在评论时需要准备不同的话术。例如，如果我们想评论热门视频，最好总结出一些充满吸引力的个人观后感为话术，而评论热门歌曲的话术则可以不必那么正式，只需要想到什么评论什么即可。

社群裂变

聚焦高黏性专属生态圈

从古至今，社群一直在我们身边，不过，其称呼和性质在这个过程中发生了巨大的变化。之前，社群可以被称为书院、商会、部落、圈子、俱乐部等，现在,社群通常只被称为社群;以前，社群聚集了有相同标签的人，现在，社群并不仅仅是为人们贴标签那么简单。

近水楼台
发展社群生态

在很早之前，社群就作为一个新兴名词进入了大众视野。与此同时，越来越多的人已经意识到社群的发展潜力。在这种情况下，社群被推到了风口浪尖之上，受到了广泛的关注。微信是交流和沟通的平台，天然具备社群基因。因此，视频号作为微信的附属产品，与社群也有着千丝万缕的联系，非常适合发展社群生态。

从视频号到微信群，流量直接导入

除了前面提到的 QQ 群，微信群的创建也非常必要，因为微信已经成为非常受当代人欢迎的社交平台，而且还有很多功能可以使用，如公众号、朋友圈、微店等。在把粉丝引流到微信群的过程中，为了让效果更好，我们可以把自己的微信号展示在简介中。

如果粉丝想对我们有更深层次的了解，就会在微信上搜简介当中的微信号进行添加，然后我们就可以将这些粉丝拉进一个微信群里面，完成视频号和 IP 的推广。另外，微信群中的粉丝还有可能邀请自己的好友进来，这样就可以使我们的微信群进一步壮大。

基于某一个共通点而形成的微信群，其实也就相当于融合了某一类价值观相近的人，是一个受众非常精准的大集体。在这样的一个大集体中，我们开展任何工作都会更加顺利，取得的效果也会更加良好。

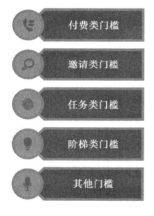

图 7-1　门槛的主要类型

最后需要注意的是，在微信群刚刚创建起来时，我们要做一个简单的自我介绍，还要不定期发布一些信息，与大家互动。不过，我们一定不可以发硬广，而是要谈论一些大家感兴趣的话题，这样才可以留住更多的粉丝。

建立微信群后，为了提升整体的质量，保证自己的"身价"，我们不能把所有粉丝都拉进来，应该要有所取舍。那么具体应该如何做呢？可以设置合适的门槛。一般来说，门槛的类型主要包括以下几种，如图 7-1 所示。

1. 付费类门槛

付费类门槛是一个很常见的门槛，但事实上，它不仅仅是一个门槛，也可以成为我们获得收益的一种方式。记得罗振宇曾经说过这样一句话："爱，就供养，不爱，就观望"。这句话的意思就是，对于那些愿意付费入群的粉丝来说，他们肯定非常认同我们的价值观和理念。除此以外，他们也会因为支付了一定费用而十分珍惜自己在群里面的时间。

一般来讲，入群费用会设置得比较低，或设置得比较高。如果较高的话，就可以看作一种获得收益的方式；如果较低的话，就成为一种筛选粉丝的方式。由此来看，如果我们只想把付费当成门槛的话，那就不能把入群费用设置得太高。

2. 邀请类门槛

邀请类门槛指的就是要是有粉丝想入群的话，必须经过群员的介绍和邀请。这种类型的门槛还是比较有优势的，一方面，老群员会对自己邀请进来的新群员有比较深入的了解，从而充分保证新群员的质量；另一方面，我们还可以节省一部分筛选成本。更重要的是，邀请进来的新群员因为有老群员这一强大的基础，所以能够迅速适应，黏性也会比较强。

3. 任务类门槛

顾名思义，任务类门槛指的就是，让那些想要入群的粉丝去完成某项任务。例如，某视频号的运营者为自己的微信群设置了以下门槛：要想进入本微信群，必须把与本微信群相关的信息分享到朋友圈，让自己的好友看到。当然，如果想要再细一些，还可以加上"必须要分享够一定的数量或一定的时间""要集多少个赞"等要求。

4. 阶梯类门槛

大家还可以将群设置成各种不同的阶段，就像阶梯那样，从初级一直到高级。其中，初级阶段的群不设置任何门槛，谁都可以进入。不过，要想进入中级阶段的群，就必须支付一定的费用，或者完成某项任务；而如果想进入高级阶段的群，那就得具备某些方面的能力，如人脉广、能言善辩、会调动气氛、资源丰富等。

如此一来，我们的群就变成了一个金字塔，当然，群员的数量也应该像金字塔一样，逐级减少。这样不仅可以让我们更加有效地管理群员，还可以维护社群的稳定秩序，使其获得更加健康、长远的发展。

5. 其他门槛

门槛不一定非得是单一的，也可以将上述几种进行有机结合，不过，具体要怎样选择，还是得先分析我们的实际情况和真正需求。

很多运营者都担心自己创建的群不够规模，于是索性就不设置门槛，让各种各样的粉丝都可以进入。但这样做的结果往往是，群中全部都是一些毫无价值、毫无意义的广告、灌水和闲聊，根本没有办法进行正常的引流和推广。所以，为了避免这种情况的发生，我们一定要为自己的群设置一个合适的门槛。

朋友圈为社群奠定粉丝基础

在微信上与粉丝互动的方式有很多，其中一种就是朋友圈。这种方式与微博类似，都是一对多模式，即运营者将信息发布到朋友圈，被自己的粉丝及其好友看到，从而进行更大范围的扩散。既然朋友圈的作用如此重要，那运营者应该如何对其进行运营呢？需要从以下几个方面入手，如图 7-2 所示。

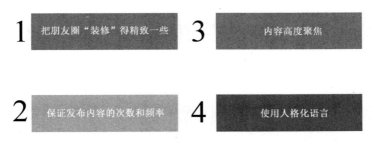

图 7-2　运营朋友圈的方法

1. 把朋友圈"装修"得精致一些

要想让大家牢牢记住我们，那朋友圈的名称就应该与社群的名称相匹配，如罗辑思维——罗振宇、樊登读书会——樊登等。此外，运营者还应该让朋友圈成为一个宣传 IP 的入口，为朋友圈选择一个合适的头像。运营者在选择头像时要想好是不是符合社群的主题和视频号的定位。如果判断不好，那就把自己的职业照当作头像，这也是一个不错的选择。

2. 内容高度聚焦

除非我们是明星或者网红，否则无论我们的视频号属于什么类型，都一定要把朋友圈的内容策划好，而且还要高度聚焦。作为运营者，如果我们不可以为粉丝提供有用的信息，那就不要总是在朋友圈发一些与视频号无关的内容。

对于运营者来说，这一点是非常重要的。笔者不知道其他人是怎样的，但我本人每天都会浏览朋友圈，像那些总是发自拍照，还会搭配一大段话的好友很难对我产生影响。此外，笔者也不喜欢总是发负面信息的好友，久而久之我会自动忽略这些好友的朋友圈。

朋友圈不是专属于我们的"私人领地"，如何才能让粉丝接收到优质的内容、获取到有用的信息，才是我们要重点考虑的问题。

3. 保证发布内容的次数和频率

运营者要保证每天都发朋友圈，内容不用太多，能把问题讲明白即可。笔者在闲来无事时浏览过几个好友的朋友圈，结果发现他们基本每天都会发朋友圈，内容大多是自己的原创文章或者参与活动、演讲、会议的照片。可见，每天都增加存在感对运营者来说非常重要。

4. 使用人格化语言

在打造 IP 的过程中，通过朋友圈展示自己很有必要。例如，谈谈自己的生活，分享自己的人生感悟，表达自己的真情实感……总之，运营者要用人格化的语言感染粉丝，让粉丝感受到自己的热情和努力，使粉丝变得更好。要想达到这样的效果，比较不错的办法是及时回复粉丝的评论、偶尔为粉丝的朋友圈点赞等。

一个合格的运营者需要考虑如何把握与粉丝关系的深浅，如何更好地满足粉丝的需求。在社群中，"一对一"的强关系是运营者应该尽力维护的，这种关系从始至终都非常重要。做好朋友圈的运营会对这种关系产生积极影响，运营者应该尽早着手去做。

社群更利于留存粉丝

很多人都知道"亲密关系"这个概念，但对其真正含义可能就了解得比较少了。其中，关系指的是个体或群体之间的联结与互动，而亲密的意思则是亲近、密切。如果将二者结合起来，那就是个体或群体之间的亲密联结与互动。

亲密关系是维持时间最长且最为深入的一种关系，通常依附在爱、喜、悲、乐等感情基础上。有些学者认为，亲密关系正在逐渐成为人们生活的核心，笔者还是比较认同这个论断的。亲密关系可以分为两类：情感亲密关系、身体亲密关系，前者以亲缘为主导因素，后者以地域为主导因素。

人与人之间要想产生亲密关系，除了上述两大主导因素，还需要沟通。在沟通的过程中，有一个非常重要的前提条件——平台。此时就出现了一个问题：这个平台是由谁来提供的呢？笔者认为是由媒介提供的。

这里所说的媒介既包括传统媒介，也包括新型媒介。与传统媒介相比，新型媒介有更大的优势，可以为沟通提供一些新方式，这样人们就可以在更大的范围与更多的人进行沟通，这种沟通还是持久且稳定的。

此外，新型媒介还使"了解、关心、信赖、互动、信任和承诺"的价值内涵和实现方式发生了变化，从而强化了人与人之间的亲密关系。这种亲密关系也在社群中体现得淋漓尽致。社群是新型媒介的重要组成部分，为人与人之间的沟通提供了平台。

也就是说，社群为亲密关系的形成创造了一个前提条件。不仅如此，这种亲密关系还是以亲缘为主导因素的"情感亲密关系"，其特点是十分牢靠。当然，也正是因为这种亲密关系，人们才会聚集到一个社群中，并彼此扶持和分享信息。

当人们成为视频号的粉丝，加入运营者创建的社群时，亲密关系就会形成，并发挥作用。在这种情况下，粉丝一旦关注了视频号，习惯在社群中发言，那就不会轻易流失。可见，社群更利于粉丝的留存，可以帮助运营者与粉丝建立亲密关系。

建立专属
社群平台

在粉丝经济的影响下，很多人都对粉丝趋之若鹜，希望自己可以受到粉丝的爱戴。运营者同样也是如此，只有吸引了大量的粉丝才可以让自己的 IP 得到广泛传播。可见，粉丝的力量和价值确实不能小觑，运营者要做的就是建立社群平台，收获更忠实的粉丝。

保持高格调，打造垂直 PGC

随着自媒体行业的不断发展，越来越多的团队开始打造有竞争力的 PGC 模式。PGC 即 Professional Generated Content，指的是互联网中的专业生产内容。现在有很多视频号采用的都是 PGC 模式，这个模式与其他模式的区别是其更注重作品本身。

粉丝之所以可以被视频吸引与其背后的内涵无关，仅仅是因为该视频的内容能够打动他们。"papi 酱""二更""办公室歌员们"等视频号采用的都是 PGC 模式。PGC 模式的发展应该以内容和粉丝体验为根本，运营者在进行作品创作时也应该将这两点放在首要位置。高质量的视频才能吸引粉丝，而好的粉丝体验才能长久地留住粉丝。粉丝的需求决定着视频的内容，同时也决定着视频号的发展方向。

近几年，PGC 的制作规模与直接成本有了很大程度的增长，这与微信的扶植是分不开的。微信为优秀的 PGC 创作者提供了前期资金，帮助他们将前期内容做好，然后让这些高质量的内容形成 IP 价值，再通过价值变现让 PGC 创作者在内容输出方面投入更多的精力。可见，PGC 生态系统已经发展成为一个完整的产业链。

PGC 生态系统从创作视频、对视频进行运营，到形成有辨识度的 IP、吸引大量的粉丝，最终被粉丝反作用形成了一个完整的模式。这个模式不需要外力的影响，仅依靠运营者与粉丝之间的相互促进就可以不断发展，真正做到了以内容为主，由高质量的视频决定成功。

正是由于这种发展历程，PGC 模式非常注重对 IP 的打造。在形成了一个 IP 后，运营者也就能够获得相应的品牌效应，真正为自己带来经济价值与社会价值，并可以凭借这个 IP 不断吸引更多粉丝，扩大受众群体，真正做到持续发展。

PGC 模式是运营者在经过不断摸索后的一次全新尝试，运营者对视频类型的选择应尽可能全面地覆盖目标群体。粉丝的不同需求被不同类型的视频满足，运营者真正从粉丝的想法出发，提供高质量的作品。运营者之间同时具有良性竞争，确保其能够不断创新，不断发展，百花齐放。总之，PGC 生态系统不仅活跃了粉丝，还活跃了运营者。

挖掘有影响力的 KOL

我们在建设从 1 到 n 的社群矩阵时，最重要也是最关键的一步就是挖掘 KOL。所谓 KOL（Key Opinion Leader，关键意见领袖）其实就是社群的核心成员。从某种程度上来讲，核心成员的意见具有影响力和感染力，他们不仅可以引领其他成员，更代表了整个社群的利益诉求。可以毫不夸张地说，一个合格的 KOL 可以对一百个甚至是一千个、一万个普通的成员产生影响。所以，无论是何种类型的社群，都应该把挖掘并培养出一个 KOL 当作一项重点工作。

不过，了解 KOL 的重要性还远远不够，这并不代表大家可以把 KOL 运营好。之所以会这样说是因为，大多数运营者都很难分析清楚哪些成员是 KOL。由此可见，运营 KOL 的第一步就是了解哪些人在社群里扮演着关键角色，这些人是不是可以成为社群里的 KOL。例如，如果社群里有一到两个行业专家，那就能为社群吸引来更多的行业专家，而这一到两个行业专家其实就是 KOL。

不过，在社群刚刚起步的阶段，大部分运营者没有特别强大的经济实力，KOL 其实都是靠挖掘和培养而得来的，这就需要他们有一双擅长发现别人长处的眼睛。事实上，在很多时候，有一双这样的眼睛甚至要比努力更重要。那么，究竟什么样的成员才适合被挖掘并培养成 KOL 呢？需要从以下几个指标着手：

（1）活跃度和活动参与度；

（2）活动贡献度和积极主动维护的情况；

（3）转化、转发、评论情况。

也就是说，大家一定要选择活跃度高，每次活动都积极参加，每条内容都主动转发、评论的成员。因为这样的成员通常会被其他成员熟知，也会被其他成员信任并依赖。另外，在挖掘和培养 KOL 的过程中，我们一定要考虑好 KOL 的数量。

通常来说，在一个 200 人左右的社群中，应该有 5～10 位 KOL，这是一个比较合适的数量。有的人可能会认为这样的数量是不够的，其实不然，如果用一定的时间和精力把这几位 KOL 培养好，不仅能为社群吸引来更多的成员，也会在一定程度上增加社群的 UGC（User Generated Content，用户原创内容）产出。

目前，很多运营者不知道应该如何让 KOL 参与到社群运营的工作中，其实这个问题并不难解决。例如，定期或不定期地组织话题讨论，为 KOL 制定一些价值和影响力输出，对 KOL 的讨论进行重点推送，对 KOL 提出的活动进行重点支持和推广，把 KOL 发表的内容置顶，对 KOL 的需求进行重点满足，等等。总结起来就是保障 KOL 的体验。

只要是 KOL 亲自参与的讨论与活动通常会变得更有吸引力，也会更有价值。所以，大家一定要重视 KOL 的需求，即使需要为他们提供更高层次的服务，也应该在所不惜。

稳定有序，建设精细化管理的高质量社群

很多运营者都不重视对社群的精细化管理，殊不知这是一个非常容易深陷的大坑。另外，一些有经验的专家表示，一个社群的寿命不仅会受

到内容方面的影响，也会受到管理方面的影响。也就是说，要想延长社群寿命，就要输出高质量的内容，并实行精细化管理。

高质量的内容不需要说太多，因为这是每位运营者都应该明白的道理。所以，本小节就给大家着重讲精细化管理方面的内容。对社群进行精细化管理需要从以下三个方面着手，如图 7-3 所示。

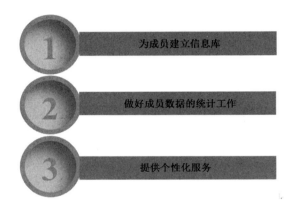

图 7-3　精细化管理的三个方面

1. 为成员建立信息库

对于不同类型的社群来说，成员信息库也应该有所不同，在这种情况下，就需要运营者根据社群的实际情况去摸索和总结。以一个母婴类视频号的社群为例，运营者需要对成员的购物习惯、消费层次、宝宝成长阶段进行整理。

上述工作可以为大家留住更多的忠实成员，当然，更重要的是，有利于大家对不同情况的成员进行精细化管理。这样每位成员都会在社群中得到更满意的服务，从而加强他们对社群的黏性。

2. 做好成员数据的统计工作

成员数据统计可以在很大程度上体现出一个社群的活跃度，从而帮助运营者调整方向，所以，大家一定要密切关注社群动态。一般来说，比较常做的社群数据统计有以下两种，一是转化数据统计，二是社群活跃度统计。其中，转化数据统计通常是对消费总金额、消费成员数量、消费次数、复购率等数据的统计，这些数据都有与之相对应的系统。社群活跃度则是对发言量、签到数、红包量、社群活动频率等数据的统计，这些数据基本上都是由社群机器人搜集来的。

大家应该时刻提醒自己有没有完成对上述数据的统计，因为这些数据都是非常重要的，一定要有足够的重视。大家只有将这些数据了然于胸，才可以做出更好的社群管理分析，从而实现对社群的精细化管理。

3. 提供个性化服务

在实现精细化管理的过程中，为成员提供个性化服务也是必不可少的一个步骤。例如，在社群中做成员形象设计和推广、优秀人物分享等工作，或者挑选并培养几个意见领袖，让他们去管理和运营社群。在个性化服务这个方面，有一个案例非常值得借鉴：

某社群每隔一段时间就会选出一些优秀成员，并为他们做相应的推广，此举不仅提高了这些优秀成员对社群的群依赖性和忠实度，还可以促使他们为社群做宣传。在此基础上，该社群迅速吸引了一大批新成员，也让许多老成员变得更忠实。

在移动互联网时代，大数据的地位越来越突出，对于任何行业，任何项目来说，数据分析都是一个极为重要的环节。运营者要想积累更多的有效数据，从而推动社群的不断发展，就应该做好每个细节工作，否则社群很可能会走到无序、没有方向、矛盾激化的"死胡同"。

建立自主成长体系，提高粉丝留存率

任何社群都会有一定的生命周期，这是无法避免的。一个普通的社群如果没有被有效运营，可能半年就会沦落为广告群或灌水群。所以，运营者要建立一个可以不断涌入新鲜血液，沉淀内容的自主成长体系。一个完善的成长体系应该涉及以下要素，如图 7-4 所示。

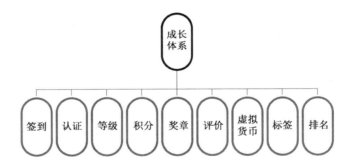

图 7-4　成长体系的几大要素

上图中的这几大要素都有各自的用处，签到和认证可以增加成员黏性；等级有利于为成员匹配相应的权利和要求；积分是评判等级的一个量化指标；奖章是一种激励方法，也是评判成员参与度的一个标准；评价可以使成长体系更透明；虚拟货币可以获取和实现资源交换；标签可以令成长体系更加简洁；排名可以展示出成员在社群中的位置。

运营者在建立一个成长体系前，应该了解上述几大要素及其作用，然后就可以着手进行成长体系的搭建工作。那么，具体应该怎样搭建一个成长体系呢？这就需要运营者掌握以下 5 个重点，如图 7-5 所示。

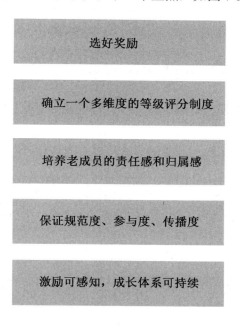

图 7-5　成长体系的 5 个重点

1. 选好奖励

在选择奖励之前，运营者应该思考几个问题：因为什么奖励？要用什么样的标准奖励？是要给精神奖励还是物质奖励？怎样才可以保证奖励机制的正常运转？如果奖励太少，那就起不到激励效果；如果奖励太多，就会使社群的运营成本增加。而且，有的时候可能奖励已经足够多，但依然达不到最初的目的。

有奖励是不是就真的可以获得持续性的成员增长，要是奖励突然中断，成员是不是依然会对社群死心塌地，这都是摆在大家面前的现实问题。另外，奖励可以根据实际情况发生变化，当然，这也会引起成长体系的变化。不过，如果成长体系总是在变化，那就会对成员的积极性和黏性造成影响。所以，当运营者选择一个奖励后，最好不要进行太大的改动。

2. 确立一个多维度的等级评分制度

成长体系的评判维度不应该是单一的，而是多元的，当然，这并不是说可以庞杂到让人不知所云。另外，在这个步骤中，大家还应该注重以下两点：第一点是量化计算应该有模型；第二点是让成员对自己的成长线路有一个预期。

先来说第一点，在计算成长体系中的积分、成长值时，我们应该参照一定的量化模型，因为这样可以得出更精确的积分和成长值，而且计算起来也比较方便、快捷。

第二点主要讲的就是要让成员可以按照等级的要求，大致判断出自己在社群中的位置和需要做的贡献。这样一来，他们就会朝着目标去努力，让自己获得加速成长，从而为社群带来更多的价值。

3. 培养老成员的责任感和归属感

大家应该把重心放在老成员身上，着重培养他们的归属感，让他们能够凝聚在一起。这里所说的凝聚在一起指的不是在一起闲聊天，而是真的把社群当作一个可以表达自己真实想法的场所。另外，运营者还要让这些老成员知道社群的具体用途，知道自己在社群中的角色和地位，知道自己可以在社群里获得些什么。

新成员的大量涌入通常可以为社群营造一片欣欣向荣的景象，但在这背后还有矛盾的增多和激化。由此来看，与其敞开大门让大量成员涌入，不如把门关小让成员一个一个进入。

4. 保证规范度、参与度、传播度

对于一个成长体系来说，规范度是一个根本底线，也就是说，任何成员都不可以违反社群规定，也不可以触犯法律。运营者只要发现某位成员出现了上述情况，无论其等级或者贡献度如何，都要严肃处理。从原则上来讲，成长体系应该设定正向的奖励机制。

参与度是一个根本要求，要是成员失去了参与度，那这个社群也就形同虚设。在成长体系的支撑下，运营者可以设定以下两个制度：一个是激励制度，如社群氛围、活动激励、奖品荣誉等；另一个是下限制度，如连续 6 个月不在群里发言的成员将被移除等。

顾名思义，保证传播度也就是希望成员可以去推广和分享社群。不过，任何人都不希望被强制要求去做某一件事情，所以，运营者在提升传播度时，一定要在提升产品和服务的基础上，为成员提供更多的传播路径和渠道，并鼓励他们去主动分享和传播。

5. 激励可感知，成长体系可持续

在成员升级或者获得奖励时，运营者一定要通知他们，至于应该如何通知他们，可以私聊或者发短信等。当然，运营者最好可以创造出一个具有特色且十分新颖的方式。另外，成长值可以设置得大一点，如果点个赞就可以升一级，那就不能引起成员的兴趣。

成长体系可持续指的就是运营者在设计成长体系时要考虑可拓展性。如果等级比较少，就应该设置成长值回收机制。除此以外，运营者在测算成长体系时，要考虑现在的设计是不是给社群运营留下了足够的空间，不

能在组织几个活动后就让所有成员都满级。

　　最后，运营者还要考虑现在的等级体系还可以使用多长时间，什么时候需要增加等级之类的问题。不过，运营者一定要记住，最好不要改动现有等级，因为可能会出现因为等级下降而让成员不满的情况。

推广传播

全方位吸引更多关注

视频号不单是一个短视频平台，更是微信生态中的短内容平台。在拥有个人品牌后，视频号推广的本质就变成了个人影响力的扩大。正确的推广策略可以帮助我们用比较低的成本获得更好的结果，错误的策略会让我们路途艰难、事倍功半。

3 种常见的
推广渠道

曝光度即一条视频可以被多少人看到，曝光率越高，看到视频的人也就越多，运营的效果也就越好。我们可以将视频号与其他媒介融合，通过多个渠道进行联合推广，这样可以广泛地覆盖目标群体，从而增加曝光度，达到更好的运营效果。

视频平台

视频平台可以促进视频号的推广，一个好的视频平台可以让视频号在短时间内打入新媒体市场，吸引更多的粉丝，从而获得知名度。如今，视频平台虽然很多，但这些视频平台良莠不齐，侧重点也各不相同。运营者应该选择一个合适的视频平台做推广，具体可以从以下几个方面入手，如图 8-1 所示。

图 8-1　如何选择视频平台

1. 分析视频平台的特色

运营者应该对视频平台进行调研，根据调研的结果选择与目标群体一致的视频平台进行推广，这样可以快速地将视频平台自身的用户转化为粉丝。不同的视频平台各有特色，但比较有流量、用户基础比较强的有以下几个，如图 8-2 所示。

图 8-2　有流量和用户基础的视频平台

视频平台可以分为独立平台，如秒拍、抖音、火山小视频等，以及综合平台，如今日头条、微博等。在独立平台中，秒拍的用户大多是一些喜欢与他人分享自己生活的年轻女性，她们普遍喜欢时尚类的视频；抖音的用户则大多是一些"90后""00后"，他们普遍喜欢有个性的、展示自我的视频；快手、火山小视频的用户比较类似，大多喜欢更接地气、社交性更强的视频。

在综合平台中，微博作为一个社交平台，具有非常高的便捷性，拥有发布信息快、信息传播速度快等特点。在这样的平台上，一旦某个视频引爆了热点，它将会被多次转载，获得相当大的播放量。

独立平台和综合平台各有其特色，运营者在推广视频号时可以根据视频的内容和特点及目标群体进行选择。当然，如果有条件，运营者也可以采用独立平台与综合平台共同推广的模式，使得两种平台之间的优势可以互补。

2. 明确视频平台的规则

运营者在选择推广视频号的视频平台时，一定要注意视频平台的规则。不同的视频平台根据自身的特点制定了相应的规则，除了基本的不能违反国家法律法规、禁止投放淫秽色情类视频的基本规则，还有各自需要注意的地方。

3. 有取舍地选择视频平台

视频号的推广不一定全部都要局限在某一个视频平台上。在不违反规则的情况下，运营者可以在多个视频平台上做推广。在不同的视频平台上同时聚拢人气可以快速积累粉丝。但是做推广的视频平台也不是越多越好，运营者在选择时还应该有一定的取舍。

例如，独立平台与综合平台的用户构成有很大区别，在这两类平台上共同推广可以起到有效的互补作用。运营者在独立平台上吸引粉丝观看的同时，还可以在综合平台上依靠极快的传播速度不断扩大目标群体，从而使视频不断翻新，保持新鲜度。

社会化媒体

如今，社会化媒体的种类正在不断增多，已经形成了一个较为复杂的合集。从定义上看，社会化媒体应该是一种给予人们极大参与空间的新型在线媒体，它根植于人们之间的交流、分享及传播。它的出现改变了人们之前那种固有的娱乐方式，增强了在推广的过程中，粉丝所能够起到的自发性作用。

利用社会化媒体做推广的核心点在于互动与转发，主要依托于微博、微信等综合性的社交平台。如果我们将这项工作做好的话，同样可以加快视频的传播速度，扩大视频号的推广范围，最终使粉丝的增长规模得到大幅度提升。不过在此之前，我们需要明确目的，对于视频来说一般有两个：扩大影响力与提高播放量。

这里所说的影响力应该是正面的，因为只有正面的影响力才可以树立良好口碑，从而形成真正的口碑效应。另外，影响力的扩大还与主体有关，既要扩大这个视频的影响力，也要扩大整个创作团队的影响力。因为前者针对的是物而后者针对的是人，所以我们要选择不同的推广方法。运营者要想通过社会化媒体提高视频的播放量，就应该让视频在第一时间吸引到目标群体的目光。

　　微信上有一个经常发布穿搭类、美妆类视频的视频号，其运营者张丽丽（化名）还会在评论区与粉丝互动，分享自己的心得。该视频号的"每周一穿搭"系列一经上线就得到了很好的反响。为了利用社会化媒体做推广，张丽丽把自己的视频也发布在了微博上，而且经常被微博上很多知名的大 V 转发。

　　不仅如此，有很多微博网友都会在她的视频底下讲述自己的问题，她也会选择有代表性的几个予以回复，实现互动。凭借这种社会化媒体的互动转发，张丽丽的视频收获了超过 14 万次的转发，视频号的粉丝数量也已经积累到了 200 多万个。

　　张丽丽的案例是一次成功的社会化媒体推广，她通过这种互动转发大大提高了视频的播放量。而且，无论在微博还是微信上，被穿搭所困扰的人数不胜数，这些人心中都藏着一个变美的梦想。张丽丽以此为切入角度，不仅引起了广泛的共鸣，还提高了自己的影响力，获取了大量的粉丝。

　　在利用社会化媒体做推广时，运营者一定要选择一个优秀的创意，争取直接击中粉丝的内心。而且，一旦造成轰动，甚至当一大批粉丝发现了这个可以引爆话题的机会并参与进来以后，我们应该立刻乘胜追击，加大宣传力度，佐以其他推广方法对自己的视频进行宣传，从而取得更大的胜利，引起更轰动的讨论。

微信公众号

　　微信公众号正逐渐成为推送内容的一个主要渠道。与微博相比，微信公众号的优势就体现在内容方面。例如，内容设定追求精准化、排版风格追求美感和精致。这样一来，运营者就可以为粉丝带来极具吸引力的高质量内容，从而激发粉丝交流、互动的热情和积极性。

运营者应该知道通过微信公众号做推广是一件比较困难的事情。如果单从内容方面来看，运营者需要做好以下几点。

1. 标题的设置

运营者在为微信公众号设置标题时，一定要有非常鲜明的特点，最好是粉丝一看到，不用思考就可以知道内容的主题大概是什么，这样才可以激发他们的阅读欲望。

2. "小尾巴"的设置

每篇文章的末尾都应该有相应的说明，这就叫作"小尾巴"。如果大家把视频号的特点、主题、风格、活动都清晰地展示在"小尾巴"上，那就可以很轻松地吸引一批爱好相同的粉丝，一旦他们被吸引来了，那关注视频号只是时间早晚的问题。

3. 评论区的交互

目前，微信已经开放了评论区，人们可以在评论区表达自己的真实想法，提出自己的诚恳建议。当其他人看到这些内容时，很可能会受到启发，并进行深入讨论。而且，其中的一部分人还会自己主动关注视频号，这样就达到了为视频号做推广的目的。

纵观罗振宇、吴晓波这些大咖，他们都已开通了微信公众号。当然，如果大家做到他们现在这种程度的话，可能并不需要费太多精力，粉丝自己就会跑来。但是，他们前期付出的努力是大家根本看不到的。

全面占据
用户的认知

系列视频由于其连贯性，可以较为轻松地激起人们的兴趣，使人们在一段时间内对该运营者保持关注。但在实际创作中，只有剧情型视频适合制作成系列模式。

这时，我们还可以通过贴合热点、与好友互推、举办线下活动等方式进行推广与传播，从而在目标群体中留下深刻的印象，全面占据其认知。

借助热点，站在"风口"上传播

如果粉丝正在关注一个热点，那么创作贴合这个热点的视频肯定会获得更多的观看量。这也为运营者提供了一个不错的思路：当下什么事件或者影视剧比较火爆，就可以考虑选择与其相关的推广策略。不过，推广策略还是要和视频号的定位相符才可以有效果。

　　如果我们没有及时跟踪热点，成为落后者，在这种情况下，与其怨天尤人，倒不如好好吸取教训，下次不要再犯同样的错误。那么，热点到底该如何跟踪呢？其实比较简单，最关键的就是关注一些可以展现热点的平台，如百度、微博、百准数据、今日头条等。

　　此外，我们还应该做好热点的选择。要想视频在推广时可以有更好的效果，那就应该选择有价值、有传播性，可以快速在粉丝之间造成影响的热点。当选择好热点后，我们还需要对其进行深入挖掘，并在此基础上与内容结合。

　　将热点与内容结合的方法包括以下几种，如图 8-3 所示。

图 8-3　将热点与内容结合的方法

1. 对比

　　热点虽然有比较强的时效性，但不同阶段的热点很可能具备一定的相似度。在这种情况下，我们就可以将最近的新热点与过去曾经引起过广泛讨论的旧热点进行对比，从而为人们营造一种暖心的回忆感。

　　另外，对新热点和旧热点进行对比还可以让我们在内容上有更深入的挖掘。我们可以通过对比的形式，探讨某类事件频频出现的根本原因，从而向人们传达更加有价值的观点和见解，并获得其认同。

以被人们重点关注的交通事故为例,如高速公路上的连环车祸、公交车坠江、汽车碾压儿童等,这些热点虽然爆发在不同的时间阶段,但其中蕴含的根本原因却存在很多共通点。因此,我们可以在对其进行对比以后仔细分析,以便进一步增强内容的可信度。

2. 叠加

有时,一个热点可能无法带来太高的关注度,因此,为了能够进一步扩大传播范围,我们也可以采用叠加的方法,即选择两个本来没有直接关系的热点,找出其中的内在连接点,从而使其连接在一起。

将热点进行叠加一方面可以受到更多人的关注,另一方面也可以使内容更富有吸引力。一般来说,当热点爆发后,立刻就会涌现出一大批同类的视频,我们要想从中脱颖而出,应该展现创意,只有这样才可以让人们在观看视频以后留下深刻印象,从而达到推广的目的。

3. 延展

热点爆发的背后还有更深刻的内涵。我们在对一个热点进行延展性思考的过程,其实就是一个深度挖掘的过程。在这个过程中,我们要准确找到更有特色的切入点,才可以让视频与众不同。

跟踪热点并进行深入表现是推广视频的一个关键环节。运营者要想把这个环节做好,除了经常关注一些可以展现热点的平台,还应该掌握热点与内容结合的方法。了解这些非常有助于提升视频内容的质量,促进视频号的传播。

互推合作，叠加影响力

如今，运营者要想吸引粉丝，不妨与他人合作，这样可以获得双倍的影响力。至于运营者要合作的人，当然是越有名气越好。例如，运营者可以和大咖合作一起拍摄视频，也可以让大咖转发视频，这样会在粉丝中形成一种爱屋及乌的心理。

粉丝作为大咖的忠实拥护者，会对喜欢自己偶像的人产生好感，自然而然就愿意去观看视频，并成为这个人的粉丝。我们可以借助大咖的知名度与影响力为粉丝提供安全感和可信任感，这非常有利于粉丝记住并传播我们的 IP。

在与大咖合作时，我们要掌握以下几个要点，如图 8-4 所示。

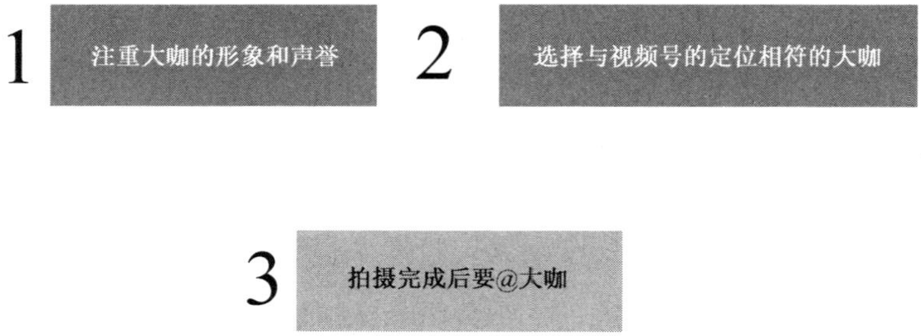

图 8-4　与大咖合作的要点

1. 注重大咖的形象和声誉

大咖的形象和声誉可以在很大程度上决定其在粉丝心中的地位。运营者如果与形象和声誉有问题的大咖合作，不仅不能起到传播 IP 的效果，还会破坏自己在粉丝心目中的地位。另外，有些运营者为了减少成本，会邀请自己的好友作为视频的主角。这样的做法不是不可以，但应该保证他们的声誉是良好的。

2. 选择与视频号的定位相符的大咖

视频号如果有了明确的定位，那么后续的工作都要以此为基础进行。所以，运营者在选择大咖时，一定要保证其与视频号的定位相符。我们不妨想象一下：一个主打美妆类视频的视频号，如果找一个走恐怖惊悚路线的大咖合作，会取得很好的效果吗？估计不会。

3. 拍摄完成后要@大咖

视频号有@的功能，这个功能具有很好的提醒作用。例如，运营者和一位大咖一起拍摄了视频，并随手@了他，那么喜欢他的粉丝就会关注该运营者并点击视频观看。这样不仅可以增加视频的播放量，提高视频上热门的概率，还可以为视频号带来一批粉丝。

除了与大咖合作，运营者也可以与粉丝合作。例如，和活跃度高、黏性强的粉丝互粉。这是运营者与粉丝互动的方法，此方法既可以帮助运营者达到联动带粉的目的，又可以让运营者的 IP 得到更好的传播。

举办线下活动，引爆线上线下传播链

当视频号获得了一定的粉丝后，运营者可以选择组织线下活动来加强自己与粉丝之间的互动。运营者还可以对线下活动进行直播，从而进一步扩大视频号的影响力，使没有时间参加线下活动的粉丝也可以拥有参与感。

在组织一场线下活动前，运营者需要考虑的问题有很多，如图 8-5 所示。

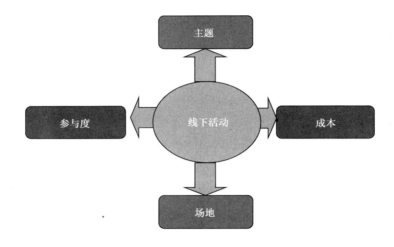

图 8-5　组织线下活动需要考虑的问题

1. 主题

运营者在开始举办一个线下活动前，需要确立一个主题，如同视频拥有固定的主题才能在最大程度上维持粉丝的稳定度一样，线下活动也需要设定一个能够引起粉丝兴趣的主题吸引其前来参加。

线下活动的主题应该尽量贴近粉丝的需求。粉丝的兴趣和爱好往往是有相似性的，选择与其一致的主题可以吸引到更多的粉丝前来参加。在主题的选择上，运营者还可以事先进行调研，这样可以在了解粉丝的基础上加强粉丝的参与度。

2. 成本

线下活动的成本往往要高于线上活动。线下活动的成本由规模决定，规模越大的线下活动需要的成本也就越高。运营者为了保证视频号的运营不受到影响，在策划阶段应该对线下活动的成本进行预算。

线下活动的成本往往包括场地、装饰、道具、推广、邀请嘉宾等各类费用。这些成本的消耗可以根据不同的主题进行调整，在可以节省的地方应该尽量节省，但也不能为了节约成本而将线下活动举办得过于寒酸，否则不仅起不到推广的作用，还会影响运营者的口碑。

3. 场地

场地要根据前来参加的粉丝进行选择。参加的粉丝越多，所需的场地也就越大。在这种情况下，运营者应该尽量选择在交通方便的大城市举办线下活动，这样比较方便粉丝参加，避免因为路途不便而导致粉丝失去兴趣。

此外，选择对粉丝有纪念意义的场地也不失为一个好的做法。该地点作为运营者与粉丝之间拥有共同意义的地方，在宣传期间可以制造出一个热点，提高粉丝的参与热情，增强推广的效果。

4. 参与度

线下活动的参与度由其参与性和粉丝是否能够参与两个部分构成。线下活动的参与性取决于运营者的策划：运营者将线下活动策划得越有趣味性、设置的环节越适合粉丝发挥作用，其参与性也就越高。而粉丝是否能够参与一方面要考虑线下活动举办的时间、地点是否适合；另一方面还要考虑线下活动设置的环节是否让粉丝有能力参与其中。

　　参与度是衡量线下活动是否成功的重要因素，保证粉丝能够有较高的参与度才会使其具有满足感，从而与运营者之间的关系更稳固，成为不易流失的忠实粉丝。高参与度的线下活动也有利于塑造运营者的口碑，保证以后在举办线下活动时可以得到粉丝的响应。

推广
"潜规则"

视频号的类型不同，其针对的目标群体也各不相同。在进行推广前首先要了解各渠道的特点，同时要根据作品自身的特点确定不同的推广策略，有针对性地策划推广方式。这样才能给人们留下深刻的印象，从而实现推广效果的最优化。

了解各个传播渠道的特点

推广是一个不断扩大影响力，积累粉丝的过程。运营者按照一定的策略进行推广，可以让视频取得更高的播放量和点击率。那么，对于运营者来说，什么样的推广策略才是好的呢？那就是多渠道联合推广。这里所说的多渠道主要是指自媒体、SEM（Search Engine Marketing，搜索引擎优化）、线下。

1. 自媒体：内容要深耕

现在，自媒体的数量虽然比较多，但质量良莠不齐。要想在这样的局势下脱颖而出，运营者应该拿出有吸引力、制作精良的视频。自媒体主要分为企业自媒体与内容自媒体，这两种不同的自媒体对视频的要求也有所不同。

企业自媒体是围绕产品进行运营的，其发布和转载的大部分视频都与产品相关。运营者在通过企业自媒体进行推广时，不可以直接使用广告的形式，而是要制作出可以打动人的作品。例如，小米的推广策略是以雷军为中心的，外围则是高管及员工、米粉、小米企业自媒体、外围媒体和自媒体等，如图 8-6 所示。

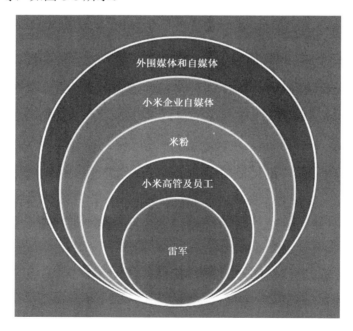

图 8-6　小米的推广策略

通过上述推广策略不难看出，小米不仅依靠企业自媒体进行宣传，还将创始人、高管、米粉、员工等都纳入宣传体系。如今，小米在网上投放的视频都会有雷军的身影。他会为用户讲解小米产品的特点，紧抓用户的需求，从而打动用户使其消费。

2. 做 SEM 推广

SEM 即 Search Engine Marketing，指的是搜索引擎优化。与其他的推广方式相比，SEM 具有很多方面的优势，如图 8-7 所示。

图 8-7　SEM 的优势

通过 SEM，人们可以在使用搜索引擎的过程中看到视频的相关信息，然后主动点击链接观看。SEM 的重点是视频的关键词。当关键词的搜索排名越靠前时，视频被人们关注到的可能性就越大。因此，想要起到良好的推广效果，运营者在选择视频的关键词时一定要谨慎。

为了在更短的时间内取得更好的推广效果，运营者可以采取竞价排名的方式，即向搜索引擎方付费购买广告位。不过，竞价排名是按照点击量付费的。也就是说，点击视频的人们越多，运营者要付出的成本就越高。如果没有人点击视频，运营者便无须耗费成本。竞价排名可以让视频更容易被人们看到，从而在很大程度上增加视频的曝光度。

3. 善用线下推广

线下推广有别于之前提到的线上推广。现在，运营者对线上推广都已经有了足够的重视，却唯独忽略了线下推广。线下推广最重要的就是场景，通常要根据视频所面向的目标群体进行选择。现在比较常见的场景有3个，如图 8-8 所示。

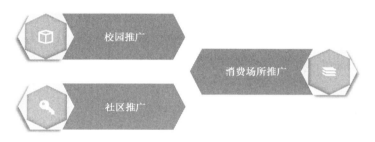

图 8-8　进行线下推广的场景

（1）校园推广。

运营者在进行校园推广时，可以根据视频的特点让学生参与其中，帮助拍摄。当学生成为视频中的演员时，自然会持续关注该视频，而且还会邀请自己的亲朋好友共同观看。这样就起到了拓展目标群体，提升宣传效果的作用。

此外，大学里的社团为了能够顺利进行社团活动都需要拉一些赞助，运营者可以采用为社团提供赞助的方法进行推广，也可以将学生中的领导者转化为推广人员，充分利用他们的人脉，从而扩大视频的传播范围。

（2）社区推广。

运营者应该选择一个人员构成与目标群体重合度较高的社区进行推广，并且要尽量简化过程。例如，直接让人们关注视频号等。为了更好地调动人们的积极性，视频号运营者还可以准备一些与视频号相关的小礼物作为赠品，甚至还可以采取关注视频号即可参加抽奖的方式激发人们的好奇心和参与主动性。

（3）消费场所推广。

运营者在消费场所进行推广时，如果占用人们过多的时间很容易会引起人们的不满。要想解决这个问题，运营者可以与商家合作。例如，由商家为人们提供二维码，供人们在等待消费的过程中扫码观看视频。这样既帮助人们打发了时间，又起到了推广视频的作用。

运营者要想和商家长期合作，就应该与其建立互惠互利的关系。例如，除了向商家付费使其帮助做推广，还可以采用在视频中为其打广告的方式。这样可以在减少成本的同时让商家得到相应的实惠。

按照自身属性选择推广渠道

在点击量相同的情况下，流量多的推广渠道自然会有比较好的效果。不过，运营者也不能一味地关注此类渠道，而要按照自身属性找一些小众的垂直渠道进行推广，这样更容易得到关注。以视频号"日食记"为例，其每期展现的都是一个全新的菜式的做法，但粉丝更喜欢其传递出的热爱生活的情怀。

"日食记"凭借唯美的画面和精良的制作受到越来越多粉丝的喜爱。

目前，"日食记"已经是一个成熟的 IP，拥有大量的粉丝。其在推广渠道的选择上也做了斟酌，选择在公众号、微博、爱奇艺、今日头条等大型平台或新闻客户端进行推广，想把自己打造成高端的美食视频号。

正是通过这些大型平台的宣传和推广，"日食记"的人气才能节节飙升。早在几年前，"日食记"就获得了千万元的融资，在美食的深耕中挖掘了更多深意，为粉丝呈现了许多作品。

除了"日食记"这样的大型 IP，个人视频号也可以根据自身属性选择合适的推广渠道。例如，一位"80 后"农民张峰（化名）就凭借在视频号上介绍农产品和乡村生活成功实现收入千万元的目标，还带动了当地老乡发家致富。

为了解决水果滞销的问题，张峰将拍摄百香果、香橙、荔枝等水果的视频发到视频号上。在视频号的传播下，水果在一周之内卖出了 8 万斤，销售渠道也稳定下来。随着名气的日渐增长，张峰还把视频转发到今日头条和抖音上，他摘水果寄给粉丝的视频也很快在各大视频平台上获得了超高的点击量。

综上所述，运营者需要在明确自身定位的基础上选择适合自己的推广渠道。例如，运营者可以先在视频号上做推广，等到积累了足够高的人气和打造出属于自己的 IP 后，再将视频发布到抖音、快手、美拍等视频平台上，从而达到最佳的传播效果。

把握推广目的，设计传播侧重

由于不同产品的目标群体不同，其推广方法也有所不同，在策划时需要把握产品核心，有针对性地进行推广设计。

对于那些内容相似的视频，大多数人只浏览优先显示的部分，解决需求后便会离开。显示排名对这类视频的流量影响巨大，在推广过程中，应该侧重于提高显示级别，如提高搜索权重或利用平台推广位等。对于那些风格差异较大、卖点突出的视频，则需要利用精准的关键词打造个性化标签，实现针对需求的精准推送。

对于个人运营者而言，可以尝试内容配合商业推广同步进行。例如，在视频片头设置高潮点、悬疑点，激起人们的兴趣。这样可以在实现推广的同时，形成巨大的长尾效应。

对于企业而言，视频号的作用是增加产品曝光度，其形式也更倾向于宣传片。在这种情况下，可以针对每个节日推广相关产品。

同时，微信官方推出"视频号推广小程序"，目前所有人都可以通过付费获得曝光量。选择需要推广的视频作品，在确定展示封面后输入推广文案，然后设置期望曝光量，官方不仅支持根据年龄、性别、地域精准选择推广用户，还支持智能匹配推广用户。曝光时间即推广持续时间，设置完成后提交订单，官方审核通过后开始正式推广。

归根结底，视频号推广只是一种获得曝光的手段，如果没有内容作为支撑，依靠推广获得的用户也不会转化为实际用户。运营者想要通过推广获得流量，还要依靠优质的内容。

营销转化

借"爆点"大范围造势

"我想通过视频号做营销，推广 IP 和产品"
"视频号如此火爆，很多运营者没有花费任何成
本就完成了营销"，最近网上出现了很多这样的
声音，越来越多的运营者看到了视频号的价值。
在移动互联网时代，"双微一抖一快"已经成为
运营者进行社会化传播的标准配置。

如何提升自己的影响力？什么样的产品才
能引起人们的关注？何种营销策略才能取得好
的效果……如果我们想在视频号上做营销，那就
应该将这些问题考虑清楚。

如何在 1 分钟之内让粉丝
对产品记忆犹新

很多运营者除了在视频号上宣传 IP，还有卖货的想法。对于此类运营者来说，产品无疑是非常重要的一个部分。因此，运营者在产品布局方面一定要考虑周全，尽量把前期的工作做好，争取让粉丝对产品记忆犹新，这样产品才可以卖得更好。

选择与视频定位相符的产品

很多运营者建立视频号的目的除了打造 IP，还有销售产品以获得盈利。在这方面，运营者应该对品类进行切割，即选择要销售的产品。对于运营者来说，选择产品的过程也是判断自己的商业逻辑是否合理的过程。如果商业逻辑不合理，那实行起来就会非常困难，如此一来，就会对产品的销售产生影响，制造爆品就更是无稽之谈。

　　然而，选择产品并不是一件特别简单的事情，之前也有很多运营者没有获得成功。在这种情况下，学会选择产品就成为一个当务之急。那么，运营者具体应该怎样做呢？需要从以下 4 个方面着手，如图 9-1 所示。

图 9-1　选择产品的 4 个方面

1. 优先考虑日常消耗品

　　运营者在选择产品时，最好优先考虑日常消耗品，因为日常消耗品人们用完了还会再次购买，而那些比较冷门的产品，大多数人可能连用都用不上，更不会重复购买。可见，选择日常消耗品进行销售是保证回购率的一个绝佳手段。化妆品、衣服、鞋帽、干货特产（尽量选择生鲜和保质期长的）、婴幼产品、保健产品等都是比较不错的选择。

2. 分析客单价和产品毛利率

　　相关调查显示，客单价在 50～200 元的产品会比较容易销售出去，如果再高的话，人们在进行消费决策时就不会太过随意，从而影响到产品的销售。另外，毛利率在 30%以上的产品通常会有较大的盈利潜力，但这里需要注意的是，那些毛利率特别高的产品也不能选择。例如，成本只有 10 元，价格却定为了 1000 元，这样暴利的产品怎么会销售出去呢？即使真的销售出去，也不能维持长时间的经营。

3. 有卖点、有吸引力

有卖点的产品通常会吸引大多数人的注意，这一点是毋庸置疑的。就拿口红来说，如果仅仅是普通的口红，那几乎没有什么卖点。而且，在当今这个商品经济十分发达的时代，买东西已经变得非常方便，网上可以买，超市也可以买，那消费者为什么非要买我们的口红呢？

不过，如果运营者把普通的口红变成滋润型口红，情况就会有所不同。正是因为多了 "滋润型" 这个卖点，口红的吸引力就会大大提升，销售工作也会更顺利。

4. 具备优质的使用体验

产品只有具备优质的使用体验，才可以树立起良好的口碑，占领人们的心智。目前，有一些产品被过度吹捧，价格也定得特别高，但使用体验并没有那么好。这样的产品不仅不能成为爆款，还会让人们对品牌甚至运营者自身产生不好的看法。

所以，运营者在选择产品时，应该提前体验一下，充分了解其优点和缺点。除此以外，运营者还要对产品的卖点和吸引力进行判断，看它是不是真的能够解决人们的某些痛点，然后再决定是否要进行销售。

掌握上述 4 个方面可以帮助运营者选择合适且容易销售的产品，这样的产品更容易成为爆款。把产品打造成为爆款后，运营者的视频号会被更多人熟知，粉丝数量会急剧增加，收益也会越来越丰厚。

时长太短正好给产品留个悬念

对于人们来说，浏览视频号的过程其实就是一场"心智旅行"。在这场"心智旅行"中，人们的行为都是由动机驱动的，如是否要下滑视频，看上一个视频还是下一个视频，看完视频后是否要点赞和评论，要不要关注视频号等。

可见，在看视频的这短短 1 分钟左右的时间里，人们的内心戏其实非常丰富，会在不知不觉中经历很多次心理决断。有经验的运营者会充分利用这段时间，完成洞察人心、抢占心智等工作。在消费越来越碎片化的时代，运营者要想吸引粉丝，让粉丝对产品产生兴趣，那就不能走"埋下伏笔—推动进程—进入高潮"的路线，而要遵循"开头即高潮"的原则。

在视频号上，视频的时长通常比较短，如果运营者可以在开头部分让粉丝沉浸到预设的场景中，那么粉丝不仅可以看完整个视频，甚至还会意犹未尽地再看一遍。运营者要想让产品成为爆款，那就应该在视频的开头设置诱因，为粉丝制造期待感，让粉丝有看下去的动机。

视频的时长通常只有 1 分钟左右，这意味着留给粉丝进行思考的时间并不多。有时，最开始的 3 秒，甚至 1 秒，就可以决定粉丝是否会继续看视频。在这种情况下，期待感就显得非常重要。

很多作者在写作时喜欢使用留悬念的方法，其目的就是激发人们的期待感，让人们产生好奇心，忍不住继续看下去。运营者在宣传产品时也可以使用这个方法。例如，在视频中进行产品预告，为粉丝制造期待感，促使粉丝按时看下一个视频。

放大产品优势，激发购买欲

人们在选择产品时总是会关注产品有什么优势，运营者要想激发人们的购买欲，就要在视频中放大产品的优势。这里所说的"放大产品的优势"是指将产品的某个或者某几个独有的特点用夸张的方式呈现出来，以此加强人们的记忆。

在微信的视频号上，有一个关于汽车的视频。为了突出汽车"空间大"的优势，该视频号拍摄了这样的内容：在汽车里面直接"藏"了 12 个人，让他们依次走出来。很多看到此内容的人都感到非常吃惊，并留下了深刻的印象。

另外，汽车还有一个"一键开启中控隐秘存储空间"的优势，该视频号将这个优势与"放贵重物品的最佳位置"联系在一起，拍摄了一个如何在汽车的隐秘存储空间内放贵重物品的视频。这个视频把"隐秘的存储空间"作为优势并不断放大，不仅促进了汽车的销售，还获得了大量的点赞和转发。

将产品的优势无限放大，引发人们的好奇心，然后再和热门话题相联系，可以为运营者带来大量的支持和关注。不过，运营者在对产品的优势进行选择时，应该把握好数量，一般一个视频展示 1~3 个优势比较合适。

老粉丝有
大潜力

老粉丝是随着视频号的发展逐渐筛选出来的，通常具有比较高的价值，不容易流失，愿意为产品花费资金，是运营者应该重点关注的对象。而且，有大量的数据都在向我们展示一个事实：留下一位老粉丝的成本要远远低于获取一位新粉丝的成本。因此，对于运营者来说，把更多的精力用在留存老粉丝上是一个经济且高效的做法。

KOL 衍生出"圈层文化"

在新时代，运营者如果想通过视频号打造 IP、推广视频，就应该对"圈层文化"有所了解。因为运营者只有知道了目标人群对应的圈层，才可以更好地对症下药，创作出他们感兴趣的内容与话题。一般来说，"圈层文化"具有三个比较明显的特征，分别是原创、年轻、活跃，其传播往往以内容为主导，以散点化的方式不断扩大，进而形成圈层效应。

绝大多数粉丝会更青睐于自己熟悉且已经关注的视频号，这就要求运营者不仅要重视对话性、互动性，更要进一步体现自己的差异化、识别度。如此一来，粉丝就会用一种可以持续很长时间的积极情绪看待运营者，而视频号恰恰为这种情绪提供了一个非常合适的平台。

例如，某运营者为了打造圈层效应与 5 位粉丝基础比较强大的 KOL 合作，并根据他的自身特点制作出与视频号相契合的内容。此外，该运营者还以原生广告的形式在视频号上进行大规模投放。从表面上看，5 位 KOL 的风格并不相同，但他们的粉丝大都来自东北地区，与该运营者采取的区域性策略高度契合。

更重要的是，5 位 KOL 的风格也与视频号的风格十分搭配。作为 KOL，他们本来就身怀绝技，还具有非常强大的粉丝基础，很容易就能够带动视频号的传播。此次活动取得了非常不错的结果：视频的总播放量达到上万次，视频号新增了几万个粉丝。

毋庸置疑，每个人都会对发生在自己身边的事情非常感兴趣，案例中的运营者就是利用了这一点，通过拥有明显地域性及强大影响力的 KOL 实现视频号的推广和宣传。当然，这也从一个侧面表现出，该运营者确实对"圈层文化"进行了深入了解和研究。

在以视频号为代表的视频平台中，只要能体现个性、新颖及创意，就很容易引起广泛认可。这种认可也能够直接带动海量网友的跟风和模仿，从而使视频号获得更广泛的传播和推广。通过 KOL 与粉丝的深度互动，运营者可以与自己的目标人群建立非常亲密的关系，还可以赢得一大批微信用户的青睐。

随着微信的使用越来越普及，视频号已经成为运营者与粉丝产生联系的一个比较不错的平台。因此，运营者应该牢牢把握机会，这样不仅可以使宣传获得"1+1＞2"的效果，还可以大幅度提升自己的知名度和影响力。

视频号链接到社群，社群实现变现

如果我们经常浏览视频号，那肯定会发现很多视频的下方都有链接，点击这个链接就可以转到社群、小程序、公众号等其他平台。这意味着视频号、微信群、小程序、公众号已经被打通，私域流量和公域流量也可以相互转化。

运营者将链接利用好可以将人们从视频号先导流到公众号，然后再导流到微信群、小程序。同时，这也可以帮助运营者实现快速变现，形成变现的闭环。例如，秋叶大叔在视频号上发布了一个名为"玩转视频号，一定要懂这 9 句话"的视频，如图 9-2 所示。

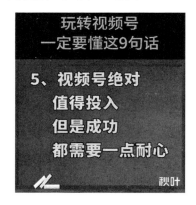

图 9-2　秋叶大叔的视频

视频的浏览量超过了 10 万人次，点赞数也在 6000 个以上。而且，视频的下方还有公众号链接，这个链接与一篇付费文章相连，人们需要付费 8 元才能阅读整篇文章。截至 2021 年 4 月，这篇文章已经被 2886 人付费阅读。

此外，这篇文章的第一条评论是秋叶大叔为《个人品牌 IP 营》打的广告，而且还留下了自己的微信号。人们可以通过微信号添加秋叶大叔的微信，秋叶大叔也可以将人们导流到微信群，进而实现通过社群变现的目的。

将视频号链接到社群的操作比较简单：运营者在视频号上发布视频时，选择插入有社群介绍的文章，即可吸引人们加入社群。当人们加入社群后，运营者就可以按照第 8 章的内容运营社群。社群运营得越好，运营者获得的收益也会越丰厚。

优质服务也能促进销售转化

运营者在通过视频号做营销时，虽然重心在 IP、产品的宣传上，但服务的重要性也不可忽视。对于运营者来说，优质的服务可谓是座下良驹，占据了非常关键的地位，具体可以从以下几个方面进行说明，如图 9-3 所示。

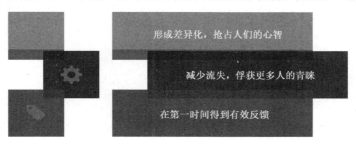

形成差异化，抢占人们的心智

减少流失，俘获更多人的青睐

在第一时间得到有效反馈

图 9-3　服务的作用

1. 形成差异化，抢占人们的心智

运营者应该知道，服务不单单是核心竞争武器，还是形成差异化、抢占心智的重要手段。在视频号中，很多运营者都在强调产品，但其实服务才是获得关注、吸引粉丝的必备良药。因此，一个用于营销的视频除了要充分展现产品，还要把运营者可以提供的服务列举出来，这样才可以加强粉丝的信任。

2. 减少流失，俘获更多人的青睐

目前，营销已经发展到以满足需求为中心的阶段，在该阶段，需求是运营者进行营销的出发点和落脚点。而在粉丝的需求中，获得服务就是必不可少的一个，如果运营者能够将其满足，那就可以减少粉丝流失，获得更多人的青睐，这对视频号的持续发展有非常重要的作用。

3. 在第一时间得到有效反馈

运营者在提供服务的过程中，得到的反馈不仅有抱怨，还有许多对自身发展有积极促进作用的忠告和建议。如此一来，运营者在服务方面的缺陷与不足就可以被及时发现，从而为后期的战略布局和方案优化提供新方向。

总之，运营者在通过视频号进行营销的过程中，除了要保证产品的质量，还要重视服务的作用。因此，发布在微信上的视频不能只展示产品，还要适当添加一些与服务相关的内容，这样才可以真正为营销造势。

无痕营销才是
"真功夫"

传统的营销模式已经不能适应时代的发展，如果运营者还在固守传统，没有创新，那就会落在别人的后面。现在是一个互联的时代，高手都在使用无痕营销。那么，什么是无痕营销呢？就是让营销无痕，让人们不知不觉地被影响而主动购买产品。

内容为主，尽量淡化营销痕迹

在营销领域一直流传着这样一句话：高级的营销不露一丝痕迹，会给人一种所听、所见十分真实的感觉。以视频号的"靠山"微信来说，自从其出现以后，我们的交流方式就在不知不觉中改变了，在这个过程中，我们不仅没有任何不适，反而觉得生活越来越美好。

此外，团购也不声不响地出现在各大平台的版面上，不断激发起人们的消费欲望；摩拜单车与哈罗单车以便利为先，一点一点改变了人们的出行方式，让越来越多的人愿意去下载并付费使用。

这些新兴事物流行以后，企业获得了丰厚的收益，其知名度和影响力不断提升，营销的效果也变得更好。之所以会如此，主要是因为企业没有大张旗鼓地将重点放在营销上，而是从细节入手，考虑何种产品可以消除人们的痛点，怎样为人们提供优质服务等问题。

如此一来，营销就和人们产生了密切的联系，可以有效防止人们因为营销过度而对企业产生不满情绪。现在，很多人都不相信微商的产品，但肯定在淘宝上购买过同样的产品；很多人都不喜欢电视上的广告，但肯定在网上看过无数类似的广告；很多人本来不愿意购买某个品牌的产品，但肯定会因为代言人是自己的偶像而改变想法。

出现上述现象的一个主要原因就是，面对着不同类型的营销，人们的想法和反应也不同。很多时候，人们除了心底那份对企业的喜爱，还非常重视"真实性"，这种"真实性"能够直接给他们带来安全感，促使他们产生实际的消费行为。

人们在对"真实性"进行判断时，往往会动用已经建立起来的认知，而这种认知又与价值观、营销有着非常密切的联系。以美妆品牌为例，能让人们对其产生好感的，有时候并不是打折的口红和粉底，而是保湿效果非常好的面膜。

为人们提供实际的保湿效果就属于"真实性"的范畴，在这种情况下，这个美妆品牌可能都不需要费尽心思去搞营销、制造噱头，就可以得到很多人的喜爱。毕竟人们从中感受到了真真切切、实实在在的东西，并获得了精神上的满足，由此带来的效果会更好。

从本质上讲，营销就是找到核心竞争力，并将其发扬光大，这一点永远不会改变。当然，如果我们能够在此基础上偏向于深入化、场景化，那取得的成绩将会更亮眼。如今，很多企业都在追求极致的"真实性"，致力于让营销痕迹进一步淡化。

在视频号上进行的营销也是如此，视频中宣传产品、品牌的痕迹如果非常淡，那人们自然而然就会被"套"进去，并且不会有任何被强迫的感觉。例如，视频中有一个女生正在化妆，准备去参加同学聚会，这时她不管使用哪个品牌的化妆品，只要随口说上一句"真的太好用了"，那肯定会被观看的人记住，从而实现了没有痕迹的营销。

在竞争日趋激烈的当下，力求真实，淡化营销痕迹已经成为非常有效的手段，当人们不屑一顾地嘲讽那些没有任何新鲜感的宣传时，无论如何也想不到自己会被另一种更高明的"套路"绕进去，而且根本不会有所察觉。

可以说，只有痕迹非常淡化，甚至没有痕迹的营销才可以跟上潮流，促进视频号的发展。因此，运营者在进行营销时一定要从细节入手，将宣传融入合适的场景中，让人们在潜移默化中被影响、被改变。

反向营销能够带来意外收获

在德国，每年都会有很多书店丢失大量的书籍，于是，为了对店员起到提醒作用，书店会把这些丢失的书籍登记在表格上，然后公之于众。过了一段时间，某书店的一位负责人突然灵机一动，开始有计划地销售那些丢失次数较多的书籍，并在网上发布了一个特殊的榜单——"丢失次数最多的十大书籍"。

这个榜单一经发布就战胜了其他书店那些翻新型的宣传手段，吸引了一大批人前来购买，十大书籍的销售量更是一路猛增，取得了非常好的结果。与此同时，这个书店也成为市场上为数不多的大赢家。

在上述故事中，书店凭借"丢失次数最多的十大书籍"的榜单造就了一次完美的销售，这就是反向营销的绝佳范例。所以，运营者在进行营销时，与其喋喋不休地自卖自夸，还不如换一种思考方式，给人们营造一种独特感，从而促进 IP 的传播。

免费思维也能提高产品销量

运营者在与目标群体建立信任之前，用免费吸引关注是一个不错的方法。也就是说，如果目标群体对产品不信任，那就先让他们免费使用，这种方法通常没有太大的风险。他们在使用产品后，如果觉得产品非常不错，自然而然就会成为产品的粉丝，并主动进行传播与分享。

2021 年 3 月，某视频号为了宣传和推广一款口红组织了一次优惠活动：奖励评论区点赞数量前 10 名的粉丝每人 1 支口红。如今，这个口红的销售量已经达到了万级，该视频号也被更多人熟知，成功吸引到一大批新粉丝。在这个案例中，免费发放的口红是一种植入。此外，发放某家淘宝店的优惠券也是植入，同样可以起到宣传的作用。

现在，免费思维不仅是一种营销策略，也是一种已经被越来越多运营者认知和广泛运用的商业模式。从作用上来看，它不仅可以为运营者创造可观的收益，还可以打响运营者的知名度，提升运营者的影响力。

如果我们仔细观察其实可以发现，超市里有免费品尝的食物、高铁上有免费观看的杂志、电商平台上有各种各样的"秒杀"产品，这些都是对免费思维的利用。可以说，利用免费思维建立信任，提高产品的销量，促进视频号的传播，已经成为运营者关注的重点。

变现收益

掌握个人财富增长法则

无论已经打造成功的个人品牌，还是正在打造的个人品牌，都有一个共同的目的，那就是变现。在视频号上，很多专家都在推广服务、社群和公众号；很多企业都在发布品牌的日常活动、推广新产品。

如今，入驻视频号不单单为了娱乐，更重要的是打造个人品牌，从而获得收益。在当下这个互联网时代，一个稳固不变的真理就是，流量等于收益，只要有流量，变现的问题就能迎刃而解。

视频号有哪些
变现可能

强大的社交属性既是腾讯的优势也是视频号的特点。视频号诞生伊始，就坐拥 12 亿微信用户群体，随着视频号的全面开放，各式各样的玩法被运营者们探索出来，五花八门的变现方法也随之被挖掘。对常见的视频号变现方法进行分析，发现不外乎有以下几种模式。

种草带货新模式

如今，视频号已经打通直播、小程序、微信小商店等功能，这些功能与微信生态浑然一体，为视频号带来了更多的推广路径。

对于普通人而言，长期输出优质内容成为行业专家，可能有点难度，但要想成为视频号带货博主，不需要太大的门槛。不用担心资源有限、没有靠谱的供应链渠道、无法保证商品质量这类问题，微信小商店开放一键分销功能，其中的货物均来自京东、拼多多等正规的供应渠道。有了供应链基础，视频号电商也变得完善，逐步成为一个独立的交易体系。

或许是考虑到品控或利润让渡的问题，微信小商店的产品还不够丰富，只是一个雏形。但长期发展下去，未来一定会接入更多适应视频号生态的产品。毕竟流量庞大，销售产品并不是难事，对于厂家而言，不存在拒绝接入的理由。

当然，完全照搬抖音、快手上的成功经验，大概率不会获得理想的效果，毕竟每个平台的用户不同。要想抓住视频号生态的巨大流量，就应该思考如何针对用户喜好创作更精准的内容。美妆视频号"玥野兔好物"就已经摸索出了一种适合视频号的模式。她的亲和力很强，能吸引很多人观看，完美日记品牌方也对投放广告后的转化效果非常满意，进而选择连续投放。如今，她每天需要做的无外乎是到微信小商店后台挑选产品，并通过视频号直播和发布视频的方式向外兜售。

另外，已经有很多广告主发现其中的商机，开始挖掘有潜力的带货博主，想要以带货的方式变现，除明确自己的定位和目标群体外，尽早入局才是王道。

微信本身已经形成集社交、游戏、购物、支付等多种模式于一身的微信生态，每次更新，都是对自身生态的一种完善。视频号虽推出较晚，但有用户、有平台、有功能支持，极有可能成为下一个带货风口。

展示个人微信收集潜在用户

个人微信可能算不上一个平台，但它能够实现与用户的一对一交流，从而有效构建个人私域流量池。同时，要想打造个人品牌，最好建立矩阵，将不同类型的用户导入到不同的个人号中。

例如，针对职场人士、自由职业者和大学生等不同类别的用户分别建立不同的个人微信，个人微信的矩阵也就初步形成了。其好处也很明显，针对不同群体发布朋友圈，让用户经常看到我们的动态，了解我们的生活、思想，从而与我们产生更紧密的连接。不要觉得打造个人微信浪费时间，这是维系用户的重要渠道之一。

一个个人微信拥有 5000 个好友位，运营 10 个就是 5 万个好友位，同时，这 5 万人全部都是我们的精准用户。如果想要运用广告宣传的方式获取 5 万个精准用户，至少需要百万元的推广费用，而运营个人微信并不需要其他费用。这样计算收益与成本，就能很清楚地明白运营个人微信的性价比有多高。

知识付费的范围逐渐扩大，用户也愿意为真正有价值的内容买单，我们可以将自己对某个领域的认知进行总结归纳，以视频的形式展现给用户。秋叶大叔旗下就有许多诸如每天学点 PPT、Python、思维导图等账号，它们会通过一些极小的知识点输出引导用户购买培训的课程。这个市场还能容纳很多如绘画、设计、声乐等内容的账号。

除销售课程外，服务付费的视频号博主更应该使用这种方式进行引流，从而进行目标用户的筛选。抖音和快手里面教大家做装修的案例实在太多了，不管是城市商品房设计，还是农村豪宅改造，许多设计师和机构，每月订单真的接到手软。以"设计师阿爽"为例，其会在视频号上发布装修案例和技巧，通过同款设计方案导流到微信做交易。

同样，律师、健身教练、房屋中介等各类职业的运营者，都可以在视频号上通过这种方式将潜在用户导向个人微信，将个人微信打造成属于我们的超级用户群。

巧用扩展链接向公众号引流

同样，我们还可以采用在视频号文案中增加公众号链接的方式进行引流。用户在观看过程中，会自然地点进视频的评论区，这时，视频号的文案就会显示在顶部，从而增加公众号的曝光度。例如，秋叶大叔曾经在公众号发布了一篇文章，摘取其中的核心观点制作了一条视频，同时在文案里添加了这篇文章的链接。这条视频为文章带来了超过 3 万次的阅读，也为公众号带来了 3000 多个新关注用户，以及近 2000 个付费用户。

同时，秋叶大叔安排团队成员在文章评论区留下"个人品牌 IP 营"和"抖音微博特训营"的招生信息。有超过 300 个用户咨询详情，超过 10% 的用户转化为付费用户，其报名收入远超该篇文章的付费收入。

这项策划活动完美实现了公众号与视频号的双向导流。从公众号文章中提炼核心观点，围绕观点拍摄视频，同时，在视频号文案中附上文章链接，直接打通变现闭环。

对于教程类视频还有一种方式，即利用相关信息转化。这种方式主要是通过教程的图文版在公众号里吸引人们的关注。例如，教人们制作美食的视频号，可以将配套的食谱放在公众号里，方便人们在自己制作时参考。

除上述用内容引流的方式外，还可以通过活动引流。可以通过在公众号举行比赛，或在公众号公布中奖名单等方式，带动人们的参与度，以这种方式吸收的粉丝也会有较高的忠诚度和活跃度。

展示品牌实力，吸引意向用户

依据个人品牌变现逻辑，在人们信任某个人后，还会从他的人设、信誉度等方面判断是否要购买他推荐的产品。个人品牌的影响力使得产品的价值增加，人们决定购买一方面在于产品本身，另一方面来自他们对我们的信任。市面上的商品种类繁多，人们普遍都会难以抉择，我们的推荐也能够帮助他们节约决策时间。

按照传统的销售模式，在正式盈利前要付出大量成本囤积产品，如果产品销售不出去，就会导致库存积压，从而陷入亏损。如今，企业可以通过视频号展示品牌实力，利用个人品牌变现的逻辑，吸引意向用户购买。

钛铂新媒体董事长兼 CEO 龚铂洋曾经讲述过他的经历。他在抖音、快手做带货的测试时，发现准备的产品货源不够，美妆与服装产品需求极大。正巧这时他发现视频号上有一家化妆品工厂——广州化妆品 OEM厂家，它发布的都是关于工厂内部流水线的视频，看上去非常正规。于是，龚铂洋急忙让团队与工厂联系合作，采用一手货源直接从工厂发往消费者。

由此可见，展示品牌实力非常重要。营销的第一要义是解决信任问题，如果可以增强人们对产品的信任感，营销的成功率至少可以提升 50%。而视频号恰好可以帮助企业解决信任问题，其内容多样立体，相比朋友圈的展示形式则更加高级，也更容易被广泛传播，可以将公域流量转变为私域流量。

京东集团副总裁肖军也曾在个人视频号"JDX 肖军"上发布过类似

内容，京东物流无人车在配送快递的路上对行人说："请让一下，我要去送快递了。"这个展现京东科技实力的视频，甫一出世就成为爆款，引来万人点赞。

　　传统生意模式是先有产品，然后开始做营销推广，再通过销售实现变现。如今，通过视频号发布视频，就可以先向人们传达品牌理念、展现品牌实力，在节约成本的同时也十分有效，这个很小的举动，却能获得数倍的效益。

IP 是提升
变现力的关键

　　自"IP"这个概念得到广泛传播以来，不少企业和个人将 IP 的价值理念植入产品中，赋予它商业化的意义，这也成为他们获取用户的重要手段。

　　无论什么行业，我们都可以整合行业资源，通过打造个人品牌的方式，将行业内部的竞争关系转变为合作关系，从而提升个人品牌的变现能力。

推出系列内容，打造专属 IP

　　通常来说，"系列"视频包括两种形式，一种是剧情上有关联性的，另一种是剧情上没有关联性的。其中，前者与电视剧类似，有一条固定的主线，剧情全部围绕着这条主线展开，但要比电视剧更加紧凑一些，所以比较适合人们在碎片时间里进行观看。而后者则是有一个固定的主题，然后选取与该主题相关的不同事件来进行视频拍摄。

　　"李子柒"是一个专门输出美食类视频的账号,非常有自己的特色。首先,在拍摄手法和内容呈现上,非常唯美、精良;其次,在场景使用和题材选取上,十分取巧、灵活;最后,也是最重要的一点,围绕着"古风乡村美食"这一主题,其创作出了与众不同的"系列"视频,成为视频号上一抹亮丽的风景。

　　"李子柒"的每个视频都以唯美的方式为人们拍摄美食的制作过程,得到了人们的支持和喜爱。这些视频看似没有联系,但实际上始终围绕着"古风乡村美食"这一主题,形成了系列。像"李子柒"这种已经形成良好口碑的"系列"视频号,人们对其的印象也十分深刻和稳定。

　　从目前的情况来看,各种各样的视频层出不穷,如果我们能让自己的视频形成"系列"的话,也有利于对同一主题的充分利用。不仅如此,由于吸引来的人都对该主题有着强烈的兴趣,所以会有更强的忠实度和黏性,转化率也会随之提高。

　　根据著名的艾宾浩斯遗忘曲线可知,人的记忆保留具有很强的规律性,即人在记住一件事情之后,会随着时间的流逝而将其逐渐遗忘。这种遗忘的速度在一开始会比较快,之后将一点点减慢。而如果人们可以在记忆不久后就进行复习,那么就可以有效控制遗忘的速度,如图 10-1 所示。

　　由此来看,人们在观看"系列"视频时,可以因为不断复习从而对其中的内容有更深刻的记忆,而且随着时间的推移,记忆还会越来越深刻。可以说,对于各个视频号而言,输出"系列"视频的益处要远远多于输出"非系列"视频。

　　另外,创作"系列"视频的过程其实也是一个打造口碑的过程,当"系列"视频始终都保持着较高的质量时,人们就会在心中为其打上一个"佳作"的烙印。这意味着,未来如果有其他视频号与我们输出相同类型的视频,那人们很可能因为这个"佳作"的烙印而优先选择我们。这样做一方面，有利于降低推广的难度，增强宣传的效果；另一方面，同样有利于我们的视频号实现可持续的良性发展。

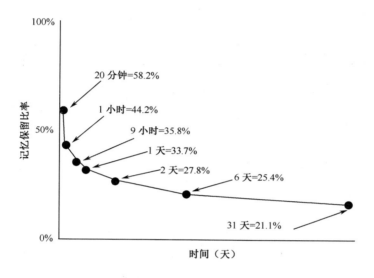

图 10-1　艾宾浩斯遗忘曲线

人格化 IP 更适合垂直类内容

在进行品牌宣传的时候，为品牌建立一个人设，将品牌人格化，会对宣传推广起到很好的作用。人格化的目的是为了唤起人们的情绪，拉近品牌和粉丝之间的距离。因此，品牌的人格化要更适用于产品同质化高、决策简单、信息不复杂的情况。

实体品牌人格化有很多很好的例子，如"三只松鼠""海尔兄弟""支付宝"等。美妆达人张沫凡也在视频号上发布视频，为人们展示一些生活趣事,强化自己接地气、开朗、乐观的形象。这样可以满足人们的好奇心,让人们对她更有亲近感,从而吸引更多粉丝。

将个人品牌进行人格化改造一共需要四个步骤。

第一步,找好价值观与定位。

价值观与定位是个人品牌的灵魂,没有灵魂就无法实现人格化。构造品牌人格时不要贪多,重复才能带来价值,不断地重复我们的人设,让它随着时间慢慢地成长增值,才能让这个富有价值的定位深深刻在人们的心里,从而达到营销的效果。

第二步,调查目标群体的人格特征。

除了对自身进行了解,运营者还要了解目标群体,在此基础上投其所好地打造相应的人格特征。一般来讲,人们会潜移默化地被与自身人格相似的人吸引。所以,运营者在建立品牌人格时,一定要调查清楚目标群体的人格特征,让自己与目标群体能高度匹配。

第三步,对竞争对手进行形象分析。

由于行业的特殊性,有些品牌人格和形象会趋向一致,如行业专家大多都是不苟言笑的形象。在这样的情况下,如果我们能建立一个风格迥异的人设,就可能脱颖而出,吸引到更多人的关注。同时,这个人设应是与服务或者产品契合度最高的那个。人设确定后,要做到统一稳定,风格善变也会降低人们的信任感。

第四步,品牌的内容定位。

在构建品牌的内容定位时,要注意围绕着用户价值展开,仔细考虑我们究竟能给人们提供什么有价值的内容。在基础定位明确之后,就需要进行内容定位,想办法提升自己的"辨识度"。最高的境界就是,就算只看到视频的片段,人们也知道这是我们的视频。以前文出现过的"舞蹈摄影师石磊"为例,真人出镜、说话风趣、封面统一,将舞蹈画面拍摄得极其唯美的同时，灵活的身体和明显的口音也让视频一下子就能被人认出来。

总而言之，要想实现"个人品牌人格化"需要回归初心，明确我们想通过什么样的内容和价值观连接目标群体，让人们在视频中感知到我们的个人品牌的温度，同时也能了解并认可其价值观。

盘活各平台，拓宽 IP 价值

事实上，任何垂直领域的视频都可以开发成多元化的内容产品，关键的问题在于是否能找到合适的切入点进行多维开发。

无论企业还是个人，为打造品牌、增加曝光度、更好地实现商业变现，都会选择在全平台进行 IP 经营，构建账号矩阵。个人运营者通常会选择 1～2 个主要平台，其他平台辅助运营、同步发布内容。团队运营者通常根据平台特性制定不同运营策略，实现多平台同步运营。从平台和内容两个维度出发，自媒体矩阵可以分成三种：平台型、展现型、内容型。

平台型矩阵，即将同样的内容发布在不同的平台，在主要平台精准输出内容，同时将内容同步发布在其他辅助平台，用辅助平台引流，比较适合个人运营者操作。

展现型矩阵，即同一个内容题材，制作成不同的展现方式，如文字、视频、图片、音频等，再根据不同展现方式发布在适宜的平台，增加曝光度，降低被各平台消重的可能性。

内容型矩阵，即在不同平台发布不同的内容。例如，同道大叔在微博上主要经营账号"同道大叔"，为人们讲述星座知识，让人们看到他专业的一面；在视频号的同名账号中，他会发布活动预告，帮助人们了解一些比较重要的活动。不同平台发布的内容不同，但本质相同，即从不同角度塑造人设。统一的人设不仅能有效形成自媒体矩阵的协同效应，还能带给人们更强的信任感，从而引导付费转化。

要想抓住视频号的红利期，首先要找到自己擅长的领域，规划自己的品牌人设，通过持续输出优质内容，打造个人品牌雏形。然后在全平台进行 IP 经营，从而形成自媒体矩阵，拓宽 IP 的价值，才能提高 IP 的变现能力。

汇集流量，
实现规模化变现

在整个微信生态中，视频号作为移动互联网时代的流量入口，具有非常大的商业价值。发展至今，视频号变现也成为各方聚焦的重点话题。视频号运营者常规的变现方式都基于流量实现，即将粉丝导流到其他可变现的功能，如个人社群、微信小商店等。想要汇集流量，实现规模化变现可以从以下几个方向着手。

社群、微店缩短下单路径

如今，人们的选购行为和购买路径已经出现了明显的变化。随着电商平台的逐步完善，只能在实体店购物的时代结束了，人们开始通过互联网挑选产品。而视频的兴起又让人们的消费方式产生了巨大的改变。

在打通直播和微信小商店前，视频号、微信电商、直播都是独立的个体。现在微信团队将视频号、微信小商店、公众号，甚至朋友圈等全部连接起来，成为一个内容与商业的逻辑闭环，如图10-2所示。

图 10-2　视频号内容与商业的逻辑闭环

在此之前，微信小商店与直播都更依赖私域流量，与视频号打通后，它们正式进入微信公域。通过视频号将动态精准推广，缩短人们的购买路径，撬动朋友圈的私域流量。

个人没有资金支撑，也没有获得用户的渠道，社群营销就是解决此问题最有效的方式。它将拥有共同兴趣爱好的人聚集在一起，从而实现由潜在用户到实际用户的高效培育。随着流量成本的提高，社群营销也被提升至战略层面。

目前视频号支持的引流与成交路径主要有 2 种。

（1）在视频号文案中嵌入公众号链接，将人们导向公众号、个人号、微信群或者微信小商店，从而实现交易。

（2）在视频号文案中嵌入公众号文章，从而实现交易。

值得提醒的是，并非路径越短效果越好，只有根据自己的产品设计专属的引流与成交路径，才能实现收益最大化。

在平台上认证企业级账号

如今，随着视频营销和直播带货等营销模式的兴起，传统销售模式开始重构，传统企业逐渐向内容或媒体企业靠拢。例如，瑞幸咖啡、格力空调、完美日记等，表面上它们还是传统的产品企业，实际上它们在向人们输出争议、情怀、生活方式等内容。

营销的核心是内容，内容的核心是 IP，企业也应该调整观念，从打造一个成功品牌转变为打造一个成功 IP。虽然品牌可以帮助人们形成认知，但 IP 可以促成与人们的连接，从而催化购买。事实上，相比其他平台，视频号更能为企业营销带来巨大的价值。

视频号成长于微信社交生态之中，其商业闭环清晰且顺畅，能够在最短的路径之内实现营销到销售的转化。同时，由于微信是一个全民应用，这有利于企业将线下的商业生态迁移到微信生态中，实现生活、生产与消费的 O2O。

企业在打造视频号 IP 的过程中可以遵循以下几个基本步骤。

第一步，组建团队。团队作业可以更好地应对日益激烈的竞争，企业的视频号 IP 打造是一项长期任务，组建一个专业团队会产生更大的效益。

第二步，形成模式。企业 IP 的打造与个人品牌的打造相似，强调视频作品的批量化、工业化生产。在形成专属模式后，才能源源不断地提供视频作品，从而形成 IP。

第三步，强化互动。成功的企业 IP 不能只追求用户数量，还应该与用户保持人格化、情感化的互动。除了在评论区与用户互动，还可以在其他平台甚至线下活动中强化互动，从而实现与用户的情感连接。

第四步，合理变现。垂直类的企业 IP 由于目标群体精准，更容易实现产品变现。同时，视频内容还可以充当消费向导，从而促进人们消费。

借视频号大力宣传线下店铺

之前，由于网店的冲击，实体店的发展遭到了前所未有的挑战。但是在云栖大会上，阿里巴巴创始人马云首次提出了"新零售"的概念，这个概念改变了这种现状，让实体店的重要性再次显现出来。

所以，在视频号进行变现的过程中，除了要宣传网店，还可以宣传实体店。而宣传实体店，最有效的方法就是为其拍摄视频。那么具体应该怎样做呢？可以从以下几个方面入手，如图 10-3 所示。

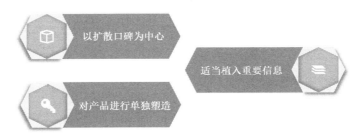

图 10-3　为实体店拍摄视频的技巧

1. 以扩散口碑为中心

现在，人们无论购买什么产品都非常注重口碑，口碑好的品牌，生意往往都不会太差。因此，为了提升变现的效果，我们有必要在视频中向人们展示口碑。如果是做茶饮的品牌，那就可以拍摄实体店排队的火爆场面。如果是其他类型的品牌，那就可以在视频中加入实体店的装修、店员的服务、人们的消费等内容。

麦当劳在早期就注册了同名视频号，在其中发布多场限时活动，同时，还在每条视频号的文案中附上相应的公众号文章链接，如图 10-4所示。

图 10-4　麦当劳活动宣传

2. 对产品进行单独塑造

有很多实体店销售的产品都非常相似，没有太多的亮点，根本不知道要拍摄些什么，这时应该怎么办呢？其实非常简单，我们可以找出某个产品的一个或者几个亮点进行单独塑造。例如，衣服可以穿，还可以改造，所以如果拍摄一个店员在实体店里教大家改造衣服的视频，肯定也能取得非常不错的效果。

3. 适当植入重要信息

如今，很多品牌只顾着拍摄画面，而忘记把实体店的名称、周边环境等重要信息拍摄进去，这样根本无法起到变现、提升客流量的效果。另外，有些时候如果我们干巴巴地介绍实体店，观看的人可能不会有很大的兴趣，所以我们可以同时添加一些搞笑元素，并将一些重要信息植入进去。例如，在醒目的地方放置产品或者有标志的衣服，在店员整理衣服的时候拉伸镜头展示实体店的名称，等等。

大疆公司一直是科技行业中比较神秘的公司之一，其视频号"DJI 大疆创新"发布的第一条视频内容就是以无人机的视角带领人们参观公司内部。这在满足人们好奇心的同时，也与公司的整体风格十分相符，是名副其实的爆款视频。

入驻视频号以后，经常会出现不知道该拍摄什么内容的问题。其实这个事情并不难，我们只需要换位思考，作为用户，他们会希望看到什么内容。即使不换位思考，也可以想一下自己喜欢什么内容，这些内容就是我们努力的方向。

品牌升级

如何让个人 IP 更有价值

通过对前面十章内容的实践，相信我们至少已经打造出了一个优秀的外部形象。但光有外表是远远不够的，更重要的是对内在价值的打造。利用视频号打造个人品牌的路径有很多，提升个人内涵、持续输出专业经验，才是个人品牌打造的核心。

我们需要不断将自己的思维、知识、技能进行汇总，使之形成独有的知识体系，才能让人们在接受内容输出后真正感觉到我们的专业，从而实现个人品牌的升级，进一步提升个人品牌的价值。

构建个人品牌的
知识体系

知识体系就像是一棵树，而每个知识点就像是枝杈，无论从哪个知识点出发，都可以在侧向拓展广度的同时向下挖掘深度。如果没有完整的个人知识体系，那么所掌握的信息之间会缺乏联系，知识零散会使观看者陷入被动学习中，最终导致输出效果不理想，难以收获人们的信任。

知识体系的构建需要我们突破以往的思维习惯，以结果推导过程。多和更专业的人接触，多吸收人们的想法，并以平和的心态面对，这样我们的知识体系便会更加完善。

知识体系的种类

知识体系和知识一样可分为理念型和应用型。

理念型知识更倾向于是什么，即独立的知识点。这种知识往往专业性更强，侧重于理论研究。例如，"区块链""长尾流量"等名词概念；营销 4P（Product 产品、Price 价格、Place 渠道、Promotion 宣传）、马斯洛需求理论等理论模型。

应用型知识更倾向于怎么做，即做事的程序或步骤。这种知识相对更易理解、可操作性更强，可以直接实践。例如，如何产出方案、如何管理企业等。

理念型的知识体系更有深度，对逻辑推理等能力要求较高，如天体物理、生物工程等。这些知识体系对人们而言难度较大，发展成应用型后才能实现市场化。

应用型的知识体系，则可以直接应用，并能较快产生经济效益，如营销类的定位理论、爆款法则、4P 理论等。这些从实践中总结的知识体系，都有较强的实用性。

为解决不同的需求也可发展出不同的知识体系。例如，法律行业针对婚姻问题和劳资纠纷可以分别构建出不同的知识体系；营销方面针对如何管理企业和如何推广品牌也可构建出不同的知识体系。

将零碎的、分散的知识进行整合，找到它们之间的联系，使之形成有关联的、整体的过程，就是在构建知识体系。就像在大脑中建造一座功能完善的城市，知识点就是散落的建筑物，我们需要用道路将它们连接起来，将所有建筑成功连接后，知识体系也就打造完成了。遇到问题时，我们便可以迅速找到所需内容，系统地将其解决。

知识体系构建成功后，信息加工的效率便会得到大幅提升，由信息零散导致的信息缺失和信息过载等问题会减少。同时，还可以更有针对性地对自己进行查漏补缺。

如今，随着知识付费产业的兴起，无数专业人士开发线上课程和社群训练营，他们将知识体系划分得更细，比如怎样提升自信、怎样进行社群营销、怎样撰写文案等。

普通人想要打造个人品牌，可以从构建简单的知识体系做起，帮助人们系统地解决问题，获取人们的信任，再逐步构建更完善的知识体系。

如何构建一套知识体系

知识体系是打造个人品牌的核心，听起来很复杂，但掌握基础的流程之后就会发现构建知识体系并不困难，通常可以按以下几个步骤展开，如图 11-1 所示。

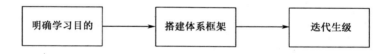

图 11-1　知识体系构建流程

1. 明确学习目的

我们需要明确自己能输出的内容，在这个大框架下再继续思考。例如，这个知识体系可以用于解决什么问题、有多少潜在用户、他们是否还有其他需求等。给自己一个输出的方向后，便能充分聚焦精力，更好地筛选信息。

同样，在开授课程时，如果可以事先提出人们将会遇到的问题，也会加强人们对我们的信任感。当他们认为自己会遇到相似的问题时，更会对我们要讲述的内容产生期待。

2. 搭建体系框架

在明确价值后，将全部信息进行梳理和整合。将自己已知的信息进行提炼和复盘，建立知识框架，再通过网络搜索、请教有经验的同行或专家，或者阅读该领域内的经典书籍等方式，对框架进行补充。然后将信息分类整理，找出它们之间隐含的逻辑链，建立知识体系。

3. 迭代升级

初步搭建好知识框架之后，就可以将它应用于实际问题，这样可以发现框架本身的局限性，同时还可以根据实际情况进行调整。将应用过程中遇到的问题进行汇总，从而将框架完善成完整的体系。例如，哪些点可以优化，哪些点可以删除，是否缺失关键步骤，和其他体系是否可以整合，是否存在不适用的场景，使用中有哪些注意事项，等等。

在拥有知识体系之后就能够清楚地知道它可以用于解决哪些问题，这同样有利于后期课程和训练营的开设。我们可以将拥有该体系的好处和没有它可能遇到的问题一一列出，根据核心部分进行课程开发。

知识体系的构建是一个需要升级完善的过程，没有绝对的正确和完整，需要随着新内容、新风向不断地更新调整。尤其是企业常用的与营销、品牌相关的知识体系，更需要根据当下的市场环境不断进化完善。

构建知识体系的三大误区

得到人们普遍认可的事物有时未必是正确的，这就是误区。在构建知识体系的过程中通常会出现以下三大误区。

1. 知其然而不知其所以然

在构建知识体系的过程中，只记录行事方法不去探究背后的原理是大多数人都会出现的问题。但是，在没有充分的理论支持的情况下，我们根本无法将问题分析透彻，更无法将自己的方法论传递出去。通常情况下，直接讲述结论，是很难得到人们重视的，因为他们不知道这样做有何意义。如果人们的问题没有得到解答，就不会对课程产生兴趣，更不会对我们的个人品牌产生信任感。因此，在构建知识体系时，应该要明确其背后的逻辑。

2. 以为知识体系就是知识点的堆积

知识体系是为了解决某个或某些问题而搭建的行事流程，它应该是系统的、有逻辑的。如果只是单纯地堆积知识点，不能利用它们有逻辑地解决问题，那么便不能称其为知识体系。

实际上，许多伟大的道理，看起来都简单得过分。股神巴菲特的搭档查理曾经说过："我们非常热爱把问题简单化。"他认为价值投资之所以没有得到广泛传播，就是因为它过于简单。人们不敢相信那套简单到极致的体系，曾经帮助他们获得了数百亿美元。

3. 完美主义，觉得框架还没有搭建好，自己做不出来

其实知识体系的构建并不是一件复杂的事，任何人都可以做到。想要构建一个简单的知识体系，只要将零碎的知识点按照逻辑串联和梳理就

可以实现。如果我们拥有广阔的知识面、敏捷的思维能力，就可以构建出更加庞大、深刻且具有更强普适性的知识体系；如果我们的能力有限，构建一套小而浅的知识体系同样没有问题。每一种知识体系都有自己的适用人群，都可以用于获得价值收益。

若有人将收纳整理中的要点进行汇总，就会形成一套比较完整的知识体系。例如，如何挑选收纳产品、如何折叠衣物、如何精简购物、如何极简生活等。同样，作为运营者，我们也可以构建一套相关的知识体系。例如，如何获取粉丝、如何流量变现等。

即使我们还无法构建普适性的知识体系，那么也可以选择某个细分领域，甚至不同的年龄层进行构建。例如，运营同一个社群时，可以针对职场人士和在校学生构建不同的知识体系。不管我们身处哪个行业，构建一套自己的知识体系都不是一件困难的事。

打造一套知识
产品体系

知识体系是个人品牌的重要组成部分，可以用来提高个人品牌的价值，但是由于知识体系本身并不能销售，因此只有把知识体系转变成知识产品之后才能实现市场化销售。我们应力争将每个可以利用知识体系解决的问题转化为知识产品，并对它们进行汇总和整理，让人们的每种需求都能使用该体系中的知识产品得以解决。

怎么做知识产品

同构建知识体系的过程一样，也可以使用流程化的步骤方法打造和制作知识产品，如图 11-2 所示。

图 11-2　打造知识产品流程图

1. 挖掘用户需求

身处信息爆炸时代，面对着指数级增长的信息，每个人都渴望自己有独特的价值，以避免被瞬息万变的世界淘汰。知识产品的制作其实就是为人们精准定位关键信息，制定解决需求的快速路径，让人们对知识的焦虑感得到缓解。

列出拥有该产品的好处和没有它可能遇到的问题，抽取核心部分，根据这些内容展开设计。比如，我们想要制作关于缓解不良体态的知识产品，首先需要列出体态优美的几点好处，再列出不良体态的几点坏处，将其中让人们困扰的部分抽取出来，围绕这些核心点进行知识产品的开发。

2. 解决问题

人们购买知识产品一定是因为遇到相关困扰、渴望得到解决。在根据核心点初步设计好知识产品之后，就可以将它应用于解决该问题，以发现产品的局限性，并根据实际情况进行调整，从而继续完善产品，增强普适性。同时还要列出每个步骤的要点，将每一点都进行拆分，将所有细节和步骤都细化，更清楚地告诉人们应该如何做。

想知道一个知识产品是否有价值，比较直观的判别方式就是看它是否有效。在使用后，人们的困扰可以得到解决，就说明这是一款有价值的产品。

3. 增强认知链接

知识产品发展至今，已经衍生出书籍、网课、社群、线下课等形式，但实际上，仍会出现无法从简介中理解其内容的情况。如果制作者在产品设计的过程中，没有考虑人们的认知链接问题，就会导致只有产品的直接用户可以理解内容，使得该产品只能被动地接受事实用户。为增强自身的竞争优势，制作者们应该在产品的简介、名称、宣传语等部分多下功夫，实现产品与所有需求用户的连接。

不仅如此，在设计产品时还需要坚持一个原则，即价值大于甚至远大于价格。

知识产品的制作者在定价时不可能像实物产品一样根据成本定价，而是要关注其能给人们带来什么样的价值。"低价的产品对应的用户群更大""高价的产品可以筛选用户"等说法或许是对的，但都不是我们应该关注的地方。使用价格划分用户群，其背后的逻辑只是为了"收割"而非"服务"。在产品后续的验证过程中，如果发现不足，我们还需要持续迭代升级，使其不断完善。

付费型知识产品在发生变化，它所涉及的知识领域逐步覆盖人们的工作和生活，产品与用户之间的连接越来越强烈。想做出一个好的知识产品，不仅需要挖掘人们的需求，还需要真正解决这个需求，增强自己的竞争优势，最终依托专业技能将付费知识产品打造出来。

如何开发一堂微课

微课具备短小精悍、有趣、目标明确、引人入胜、可以利用碎片化时间学习、适合互联网时代知识的广泛传播等优势，在当今的终身化学习时代迅速发展并得到广泛应用。它能从兴趣、知识、能力三个维度对人们产生帮助。

开发一堂微课首先需要挖掘需求；接着设计框架，做好大纲；在大纲的基础上填入内容；有了内容，接下来对开场和结尾等细节重点设计；最后是反馈。

开发线上微课能够快速提升知名度，让自己对所处行业产生更有深度的理解，有利于个人品牌的打造。一堂高质量的线上微课的制作通常需要以下步骤。

1. 挖掘需求

我们在着手开发线上微课之前，最重要的是要明确目标群体及其需求。

许多制作者有着这样的想法："只需要认真打磨一套课程，无论到哪个平台都可以使用。"这种想法理论上是可行的，但实际上，没有进行需求分析的课程就意味着没有针对性，他们只是在单纯地向外输出，人们的需求未必能够得到满足。

微课讲学与销售的本质是相似的，差别在于出售的不是商品，而是我们和我们的理念。在微课制作之前，我们首先需要进行需求调研，以明确目标群体的需求。可以采用调查问卷的方式，提问内容包括但不限于，人们经常遇到什么问题、对什么问题最感兴趣、希望通过课程达到什么效果等。这样有针对性地进行讲解，更有利于提升人们对我们的信任感。

例如，我们想要开发一堂如何在朋友圈进行营销的课程，首先要做的就是确定人们的需求。比如，他们可能会存在不知道如何配图、以怎样的频率发布、怎样的内容更能激起购买欲等问题。

2. 提出解决方案

在明确目标群体的需求后，就需要有针对性地提出一套解决方案，并以此搭建一个课程框架。通常按照逻辑关系分为递进、并列、总分总等形式，具体的框架选择可以根据课程的具体内容进行。仍以朋友圈营销课程举例，提出解决方案就是要有一套具体的流程，基于上述需求主要包括营销文案、配图技巧、发布时间和成交技巧。

3. 讲述成功案例

在有了课程框架后，我们还需要利用真实案例将它们填充丰满。方法结论都是枯燥且抽象的，但是案例是具体的。所以，每个步骤都需要配有具体的使用场景，以便人们能够更清楚地理解吸收。在案例不脱离现实的基础上，最好可以做到讲述有趣。

同时，最容易打动人心的恰恰是讲述者本人的成功案例，人们更愿意听那些细微而真实的故事，而且这样也方便我们将自己的理念和方法讲述得更透彻。例如，在微课中嵌入自己在朋友圈销售课程的实例，对那些想要通过朋友圈进行营销赚钱的人也更有说服力。

4. 总结方法步骤

在完善课程结构后，我们还需要将它总结成方便实操的具体方法，让每个新接触课程的人都能运用这些步骤完美地解决问题。在讲述的过程中，我们也要时常总结，尽量保证每讲完一节课程总结一次，等到课程全部讲完后再进行整体的总结。这样可以帮助人们把知识点连贯起来，使人们能更好地把握课程的整体。

同样，我们还可以将朋友圈营销总结成明确的方法步骤。建立人设、塑造产品、讲述案例、点赞互动成交。四个步骤就可以总结成一套实际的方法论，成为微课中的知识点。

中国已有超过 3 亿人为知识付费，只要我们有能力解决人们的需求，就可以将其开发成一堂微课，实现知识产品变现。

如何做一个线上训练营

同微课这种只有讲述的短周期教授方式不同，线上训练营更像是微课与社群的结合，用深度化的社群服务来达到教和学的统一，从单一的课程销售转化成为服务销售，人们在购买后不仅可以自主观看课程学习，还可以随时反馈给主讲人，及时获得辅导和答疑。

训练营往往以微课为基础，它更强的互动性使得其在保证课程能解决人们的需求的同时，还需要兼具趣味性。不仅如此，还要注重购买体验，人们从发现训练营到购买，再到入营的流程应该是顺畅的。页面的每个按钮都应衔接顺畅，使人们在一个页面内完成转化。

训练营作为有效的转化模式之一，其优势在于集中流量，高频转化，高效、系统地培养和提升人们的能力。在较为封闭的环境中，人们可以更好地集中精神，通过系统地练习使自己的能力得到快速提升。但实际上，真正吸引人们的是主题。比如，圈外同学的个人发展战略训练营、阅读训练营等，长投学院的小白理财训练营等。

关于训练营的主要内容与前一节的微课开发大同小异，这里就不再赘述，接下来着重讲解有关训练营运营策略的内容。

1. 招新阶段

训练营的招新方式主要有付费投放和用户裂变两种。付费投放指在粉丝量较大的公众号进行广告投放。用户裂变则是各类训练营都常用的方式，常有拼团、转介、邀请、助力、强制转发等形式，它可以扩大招生的效果和辐射范围。吸引新用户参与训练营后，还需要做好用户分层，明确每个用户的属性，为下一次的销售做准备。

以行动派的创业课训练营为例，有专门的运营人员在朋友圈通过发布限时福利，引导其他用户报名参加训练营，报名的用户还可以分销赚取佣金，帮助训练营扩大招生。同时，运营人员还会引导已报名的用户填写登记表，以了解其需求偏好，提升消费体验。

2. 训练营期间

在用户正式进入训练营之前，还需要制定好规则，以便用户尽快融入训练营。可由班主任在开营第一天，给用户提供训练营主题的实际案例，帮助用户适应群内的学习氛围。在每天的课程结束后，还可以要求用户将作业发布在社群或其他平台中。这样，在提醒用户提交作业的同时，还可以扩大训练营在其他平台上的活跃度，为训练营下期招生做好宣传。

酬赏作为驱动力，可以有效提升用户的学习热情。酬赏一般分为三种，即社交酬赏、猎物酬赏和自我酬赏。其中，猎物酬赏的应用最广泛，训练营可以将金钱、信息、资源等看作"猎物"，相应的设有组队打卡分奖金、坚持打卡获得稀有资料等策略。比如，成长兔英语采用的激励方式就是打卡满 10 次送双语宝盒。

通过上述方式已经可以初步改变用户行为，让他们在训练营中持续学习。如果可以将听课游戏化，将会对用户自发投入训练营更有利。对此，我们可以根据 PBL 模型（狭义的游戏元素，即点数、徽章、排行榜）进行游戏化设计，使用户可以通过听课和打卡获得积分，并且这些积分可以用于进行兑换奖励。例如，成长兔英语社群中就有专门的积分兑换系统，而运营研究社的社群中有较为完善的积分体系，用户可以实时查看积分排行。

3. 结营阶段

结营阶段主要为了促进训练营的传播，一般有荣誉激励、效果外化两种形式。

荣誉激励即颁发结业证书、获奖证书，使用户感觉有所收获，精美的设计同样会增强用户的传播欲望。

效果外化即将用户通过训练营获得的学习效果以更直观的方式表现出来，这种形式更注重训练营的课程内容及服务质量。例如，英语流利说的发音训练营，有学习前的能力测试及阶段性测试，这些测试可将用户的学习水平、特别表现等直接展示出来。

不过，荣誉激励和效果外化多用于付费型训练营，免费型训练营可以通过打卡分享获得持续传播，如打卡海报或链接，展示打卡天数、报名入口等，以吸引用户的好友加入。

训练营的优势在于可以高效培养用户能力，其运营策略主要围绕拉新、促活、留存、变现和自传播，无论哪个环节都需要充分考虑该环节的每个细节，充分了解用户的心理，以确保用户可以自发地推动活动流程。

图书在版编目（CIP）数据

视频号 IP：打造垂直领域品牌专家 / 潘越飞，龚海瀚著. —北京：电子工业出版社，
2022.2

ISBN 978-7-121-42562-2

Ⅰ. ①视…　Ⅱ. ①潘…　②龚…　Ⅲ. ①网络营销　Ⅳ. ①F713.365.2

中国版本图书馆 CIP 数据核字（2021）第 270401 号

责任编辑：黄　菲
印　　刷：三河市鑫金马印装有限公司
装　　订：三河市鑫金马印装有限公司
出版发行：电子工业出版社
　　　　　北京市海淀区万寿路 173 信箱　　邮编：100036
开　　本：720×1 000　1/16　印张：15.5　字数：228 千字
版　　次：2022 年 2 月第 1 版
印　　次：2022 年 8 月第 2 次印刷
定　　价：69.00 元

凡所购买电子工业出版社图书有缺损问题，请向购买书店调换。若书店售缺，请与
本社发行部联系，联系及邮购电话：（010）88254888，88258888。

质量投诉请发邮件至 zlts@phei.com.cn，盗版侵权举报请发邮件至 dbqq@phei.com.cn。

本书咨询联系方式：1024004410（QQ）。